高敏感人群情绪管理

齐志斌 著

中国工人出版社

序言

FOREWORD

作为中国第一代成长起来的老一辈心理治疗师，收到为新生代心理咨询师齐志斌的新书作推荐序的邀请，我多少还是有些迟疑的。但读了几篇文章之后，我发现这位年轻人写的书中有不少可圈可点的地方。

首先，在心理问题的措辞上，他规避了传统心理学以病示人的称谓，改用“高敏感者”代替“心理问题”，从情感上更容易被有病耻感的读者所接受。

其次，书中大量运用后现代技术阐述心理学的案例，揭开了“心理咨询”的神秘面纱，让读者知道“心理咨询”为何物。书中每一个鲜活的案例都写得细腻生动，仿佛让人置身其中，这样的临在感是很难得的。

而作者在心理咨询中专业精准的问话技术，常常能敏锐捕捉到“高敏感者”这个群体细腻的内心世界、言语背后的内隐之情和弦外之音。

这不单单是一本为高敏感者而写的书，更是为每个人打造的一本治愈性读物，让你在不知不觉中拥有“轻舟已过万重山”的感觉。

作者一直在书中分享一种“资源取向”的治疗观，在他看来：敏感从来不是问题，相反，它可能是未被挖掘的宝藏。

作者认为，个性特质并无好坏之分，发挥出专长优势，缺点也可以得到弥补。书中介绍的案例无一不是他亲力亲为、运用心理知识助人的经验之谈。此外，他还在书中精心设计了许多实用的自助小妙招。

当你读完这本书后一定会获得化烦恼为菩提的满足感。带着你敏感的天赋，坦然接受自己，轻松地走在漫长的人生路上吧！

南京脑康中医医院心理科主任医师　许丽霞

2021 年 7 月

前言

PREFACE

我是一名执业11年的心理咨询师，从2010年取证开始执业，接触了很多来访者。在大量的咨询实践中，我发现很多的来访者，或多或少有敏感型人格。

咨询室，其实可以说是一个微型的小社会，这里遇见和发生的问题在现实中也会同比例地存在。如此一来，几乎可以断言，现实中心理高度敏感和灵魂脆弱的人也大有人在……

渐渐地，我发现，对于这些高敏感者，他们急切地需要一种了解和认识自身敏感特质的知识和自我调整的方法。经过授权，他们允许我将他们的故事改编成心灵自助手册，以便更好地帮助那些有着相似境遇的人，更好地通过文字来发现自我成长的价值和力量。

为了更好地保护来访者的隐私，他们的故事都是化名和改编的，或许你会在他们的故事中看到自己的影子。这样的方法也许正适合当下的你，通过自己的努力，重拾勇气和信心，与自己的高敏感型人格和平共处。希望这本书可以启发更多的高敏感者和相关人士。

那么，什么样的人算是高敏感人群呢？他们通常有以下表现：敏感多疑、想得太多、容易玻璃心；经常觉得自己这也做不好，那也做不对；为了避免人前丢脸，干脆拒绝一切社交；容易有罪恶感，总为小事发愁；不想麻烦别人，害怕引起对方误会。

接下来，我们针对以上问题逐一展开探讨，先说说玻璃心。很多高敏感者往往容易表现出这样的特质，总是能捕捉到别人的言外之意来为难自己。

很多时候，心理咨询师会把这样的敏感视为心灵上的耳聪目明。心理咨询师、作家、默剧演员等都是需要有这样的敏感性的，只有这样，他们才更容易在专业领域有更深的造诣。说得通俗一些，这是一种天赋、一种能力，我们更应该把它视作上天的馈赠来接受、来欣赏。

但凡事都有利弊，敏感利用得不好，就可能形成困扰、痛苦。举例而言，耳朵灵敏的人，往往容易听到细微的声音，在使用听力功能时，他是技高一筹的。但这样的听力往往会给他带来失眠的困扰，总容易被一些细微的声音惊醒。也就是说，所有的长处，都有其对应的短板。很多人无法发现和运用自身的长处，只会持续性地陷在自己的短板里，就造成了痛苦。

那为什么很多人如此痛苦——敏感、脆弱、玻璃心，人际关系也一塌糊涂呢？因为你无法或不会使用自己的天赋，只能白白地承受随之而来的痛苦。也就是说，你要走出去，让你的耳聪目明发挥作用；而不是跟他说，你把眼睛戳瞎、把耳朵弄聋不就好了？虚假法则是很可怕的！

希望高敏感者通过阅读本书，可以从他人的经历中获取自信和经验，摆脱高敏感造成的情绪困扰，改写自己的人生剧本。

目　　录

Contents

Chapter 8

第八章 永远不要活在别人的期待里 279

第一章 Chapter 1

高敏感是什么？真的与你无关吗？

测试：你是高敏感者吗

很多时候，我们在交友时往往会听到这样一句话：“你太敏感了。”有意思的是很多时候我们很不愿意承认这一点，但越是极力否认，越说明我们害怕成为这样的人，或者选择自我逃避，不愿看到自己已经成为这样的人。

那么，到底怎样的人才算是高敏感者呢？

美国太平洋研究生院临床心理学博士、心理咨询师伊莱恩·N·阿伦是最早对高敏感人群进行研究的心理学家。她在研究中发现，15% ~ 20% 的美国人属于高敏感人群。同时，她也研发了一套“你是高敏感者吗”的自测题，在这里与大家分享一下：

请根据自身的真实感受回答下列问题，如果题目和你的实际情况相符，则计 1 分；不符合、不太符合或者不确定，都计 0 分。（满分 27 分）

1. 我很容易因为一些强烈的感官输入（视觉、听觉、触觉、嗅觉、味觉等）而不知所措。

2. 我能觉察到环境中一些细微的东西。

3. 其他人的心情会影响我。

4. 我容易对疼痛特别敏感。

5. 我发现自己需要从忙碌的日子中抽离。或者待在床上，或者待在没有灯光的屋子里，或者在一个任何可以让我从外界的干扰中离开、得到一点空间和安慰的地方。

6. 我对咖啡因的作用特别敏感。

7. 我特别受不了刺眼的光线、强烈的气味、粗糙的表面或者汽笛的声音。

8. 我有一个丰富而复杂的内心世界。

9. 噪声会使我感到不舒服。

10. 艺术和音乐非常容易打动我。

11. 我的神经系统有时会感到十分疲劳，这让我不得不赶紧入睡。

12. 我很谨慎。

13. 我很容易受到惊吓。

14. 在短时间内有很多事情需要完成的时候，我会感到慌乱。

15. 当有人在一个场合感到不自在的时候，我总是知道怎么做可以让他感到自在。(例如，改变灯光或者调换座位。)

16. 当有人试图让我同时做多件事的时候，我会感到恼怒。

17. 我努力避免犯错或忘事。

18. 我拒绝看暴力电影或电视剧是有道理的。

19. 当我周遭有很多事情发生的时候，我会感到不愉快。

20. 肚子饿的时候，会让我产生很强烈的反应，影响到我的注意力或情绪。

21. 生活中的变化能使我振奋。

22. 我能够注意到并享受精美或美妙的香气、味道、声音以及艺术。

23. 我发现许多事情同时发生会让我感到不快。

24. 安排好自己的生活，以免发生让人烦恼或尴尬的情况，我赋予这件事很高的优先级。

25. 强烈的刺激会使我感到不安，例如很大的噪声或者混乱的场面。

26. 当我在一项任务中需要竞争或是被观察的时候，我会变得十分紧张或发抖，以致完成得比我本可以做到的要糟糕得多。

27. 在我小的时候，我的父母或老师总认为我很敏感或害羞。

计分方式：

如果你得分超过 14 分，那么你可能就是高敏感者。测量结果的衡量是基于人们的平均敏感度水平得出的标准，仅供参考。

如果你的身上也出现了这些迹象：总担心给别人添麻烦，以回避社交为目的地独处，常常觉得自己不够好，经常为小事焦虑受伤，讨厌人群，面对大量的信息和变化容易烦躁，如果以上绝大多数都符合的话，那么你很可能是个高敏感者。

我感知丰富，却难逃孤独

高敏感者想象力的丰富程度超出别人几十倍，他们拥有极强的“触发联想”能力，会让他们习惯性地陷入负面自动化思维里，幻想着可能的后果，让自己陷入孤独的境地。

苑媛是北方女孩，是一位3岁孩子的母亲。她求助的原因是对人际交往感到恐惧，尤其是面对陌生人的时候。

通过访谈了解到，这些年她的内心非常孤独，渴望理解却一直不被理解，后来因为老公和一位女同事走得近，又骂她不赚钱，因此性格变得特别敏感。加上婆婆平时对她也不太好，所有的思绪涌上心头，一怒之下赌气带着孩子离家出走了。

说着说着，她开始呜呜抽泣起来，等她稍微平复，我递上了一张纸巾。

她哭得更凶了，边哭边讲：“走的时候孩子才满月，谁能想象我有多不容易……”

她在外租房度过了两年独居生活，用她的话说：“婆家回不去，娘家不让回。”可想而知，那段时间她经历了什么。一个人承受了太多的压抑和痛苦，后来慢慢变得不想接触任何人，不想和任何人打交道。

整个谈话过程，给我最直观的感受是她的内心选择与真实需求是相悖的。令苑媛感到敏感的字眼是丈夫骂她不赚钱，她曾因小时候家里穷，牺牲了自己的学业，早早外出打工，只为了把上学的机会留给弟弟妹妹。这次被骂不赚钱，可以说是新伤加旧恨，让她没有办法理智应对，所以选择一走了之。

我试图通过对话帮她厘清思路，也许这样的选择和早年的选择是有相似之处的。每一次苑媛都选择了自我牺牲，如果说之前是牺牲了上学的机会，现在则是牺牲了整个婚姻生活。

她表示同意，进而说道：“现在生活逐渐回到正轨，但是心理状态回不去了。很多时候我会考虑别人的感受，可谁会考虑我的感受呢？”

苑媛选择了和老公和好，却很难做到真正放下和接受过去，内心渴望爱，但又害怕爱、拒绝爱，因为一旦接受就意味着有一天可能会失去。

除此之外，我相信苑媛并没有清晰地表达自己的需求。如果她将焦点从改变别人转移到自己身上，开始关注自身的变化，现在的问题就会逐步得到改善。

自我选择才是孤独的主因。为什么会这样呢？是因为同样的刺激，高敏感者的大脑皮质唤醒强度比外向者高。即便是微小的刺激，也会被高强度地传输到神经中枢，从而在他们内心产生强烈的触觉和感受。

英国心理学家艾森克说：“内向高敏感者为了保持自身能量和体力的平稳不被外界的微小刺激所耗散，平日里会更喜欢使行为和思绪保持平静。保持充分的安静与平和，其实是内向者对自己的一种下意识保护，这也正是内向者总给人一种安静而不存在的感觉的原因。与此相反，外向的人天生感觉阈限较高，大脑皮质唤醒强度低，这样的特质迫使他们必须追求各种外界活动来增加刺激的丰富性和强度，从而让自己保持活力和充满能量感。”

根据本节所讲内容，结合自身实际情况，列出你平时经常会感到孤独的3种情况：

1. ______________________________

2. ______________________________

3. ______________________________

如果你存在孤独焦虑的问题，可以从以下几个角度进行调整：

1. 无论是累了、痛了，都要学会感受，让感受慢慢转化，深深地与它融在一起。比如一位刚跑过马拉松的人，他需要充分的休息，此刻不受打扰便是最好的状态。

2. 从兴趣入手，做轻松的项目。让大脑从繁杂的想法里抽离出来，重新获得处理信息的效能。也就是通过做点自己喜欢的“无用的事”，让自己放松。切记，不要做过于复杂的事，否则你会更加焦虑。

3. 与自己的身体友好相处。如果心情烦躁，试着深呼吸；如果感到紧张，你可以通过运动刺激大脑内啡肽的分泌，使身心处于愉悦的状态中。总之，你需要有意识地将呼吸与身体运动协调起来。

最大的麦穗——如何面对内心的不确定性

高敏感者内心容易纠结，害怕犯错，例如生活中的选择困难症患者，这样的人大多有着高敏感性的特质。

在我的来访者中，小薇是令我印象最深的一个女孩，因为她很漂亮，不仅毕业于一所名牌大学，还就职于某知名公司。

小薇来求助时正值夏季，一袭白色碎花的长裙，特别朴素，又特别迷人。

她表示自己很难真正爱上一个人，这样的疑惑从初中就开始了。那时候，面对众多追求者，小薇会觉得很满足，并且引以为傲；到了高中阶段，曾经的骄傲却变为负担，非常影响自己的情绪和学习状态。

后来的她，开始排斥异性，大学四年，本是恋爱的年纪，她却对追求者避而远之。几经周折，才遇到了现在的男友，也的确被他身上的很多优点吸引。

但由于长期异地的原因，自己又遇到一位高高帅帅的男孩子，觉得和他很来电，很有激情，但是对方身上也有自己很排斥的方面，比如索取型、负能量，等等。

更让她烦恼的是，她曾因这位新认识的男孩一度想要和原来的男友分手，后来又在打算说分手时被男友精心准备的求婚礼打动，改变了已经下定的决心。

直到现在，男友一直施压想要结婚，但是她又开始纠结男友的种种问题和不足，以至于想要分开一段时间冷静一下。

一会儿理性，一会儿感性，一会儿觉得男友合适，一会儿觉得新认识的男孩更好。想要遇到更好的人，又怕遇不到……

这种不确定性，在内心此消彼长，让她无所适从，难以权衡，因此变得十分焦虑。生活中，如果你也饱受同样问题的困扰，很可能属于高敏感人群。

我认真地感受了一下小薇内心的那份不确定性，也可以说她很难完全信任自己的选择，觉得自己不够爱对方，或者因自己为另一个男孩心动而内疚，因为这样的选择导致自我折磨。

所以，我的任务是先帮她看清自己不舒服的原因，那就是她的不安全感。她担心一旦和男友结婚了，万一遇到更好的怎么办？万一被男友发现出过轨，导致婚姻不幸福怎么办？

再加上男友的不断施压，让她更加慌乱。她很理解男友的心情，毕竟恋爱的时间不短了，可她的心情谁能体会？这种鱼和熊掌不可兼得又想要兼得的挣扎……

接下来，我设计了一个游戏：

假设你来到一家高档超市买水果，在你面前摆放着各种精品水果，你一眼就看中了摆在正中间那个最大最好的苹果，你不假思索地走过去，结果看到价格之后傻眼了，完全不是你能承受的。这时你会怎么选择？

A. 买不起最好的，索性不吃了，转身离开。

B. 转而去挑选那些买得起的水果，心里却很难受，吃起来也不是滋味。

C. 转而去挑选那些买得起的水果，并暗示自己，最贵的水果不代表是最甜的，我选的水果肯定最好吃。

假如没有可得性，再好也不是你的。对于高敏感者来说，不要急于做出选择，先处理好自己的内心冲突，慢慢来，等情绪稳定时再做出选择，这样才能减少遗憾。

大家可能很疑惑，为什么本节的标题叫作“最大的麦穗”，这源自一个很经典的哲理故事。我把这个故事讲给了小薇，现在也讲给像小薇一样的高敏感人群：

鼎鼎大名的苏格拉底，曾有一日带领几个弟子来到一块麦地边，正值麦子成熟之季，地里满是沉甸甸的麦穗。苏格拉底指着前面的麦地说："你们今天的任务，就是走进眼前这片麦地，摘一穗最大的麦穗，规则就是只许进不许退，我会在麦地的另一边等你们。"

于是，弟子们进入麦地，发现到处都是大麦穗，但令他们感到困扰的是，到底哪一穗才是最大的呢？有些弟子刚摘下一穗，没走几步就发现了更大的麦穗，于是随手扔掉手里的，摘起了新的。就这样，摘了扔，扔了摘，他们发现完全没有必要过早地定夺，因为后面还有很多更大的麦穗。

弟子们就这样一边低着头寻找一边往前走，完全没有意识到已经走到了麦地的尽头，这时传来了老师的声音："你们已经到头了。"

弟子们这才恍然大悟，原来刚才摘下的才是最大的麦穗。

苏格拉底对弟子们说："这块麦地里肯定有一穗是最大的，但你们未必看见了，即便看见了，也未必会留到最后，因为你们认为后面还会有更大的。最大的一穗，其实就是你们刚刚摘下的那一穗。”

人生是一段旅程，我们都在不断追寻，寄希望于找到“最大的麦穗”，有些人可能有幸遇见了，但是并不一定有能力拥有；大部分人可能根本没机会遇见“最大的麦穗”，其中很多人为此闷闷不乐，抱怨命运不公。实际上，我们都有机会遇见属于自己的那一穗最大的麦穗，勿失良机，把握住眼前拥有的，才是最好的选择。

内心的不确定感是许多高敏感人群的特质之一，他们很容易陷入选择困难的局面，根据本节所讲内容，结合自身实际情况，列出你平时经常感到左右为难的 3 种情况：

1. ______________________________

2. ______________________________

3. ______________________________

如果你存在选择困难的问题，可以从以下几个角度进行调整：

1. 试着与自己和解。给自己最好的选择并没有错，这不是你的负担，是对自己负责任的表现。但是很多时候，期待与现实是存在差距的，你要允许这样的差距存在，并尽可能与自己和解，这样才能达到身心愉悦的状态。

2. 试着与他人和解。当高敏感者做出伤害他人的事情，往往会陷入巨大的自责之中。首先，你并不是故意给别人找麻烦；其次，要允许自己犯错，人无完人。当你做了伤害对方的事情，要尝试与他人和解，将注意力从错误上收回，重新关注自己的价值，与他人和解，与他人更好地沟通、相处。

3. 试误。心理学领域有一个专业名词，叫作“试误”。顾名思义，就是指通过不断的尝试，去排除那些不太适合自己的错误选项，最后保留下真正适合自己的选项。如果你不知道该选什么，不要焦虑，大胆尝试，然后往积极的方面想。如果你选错了，不要想到损失，而是排除了一个错误的选项；如果选对了，下次你就不会再为此纠结了。

我考虑全面，却被完美主义拖累

高敏感者也会有完美主义倾向，凡事要尽善尽美，比如要求做事严丝合缝，按部就班，不允许其他意外发生。一旦事情进展不顺利或出现问题，就会高度紧张、急躁，最后可能导致更严重的后果。

汪诚是一名公职人员，由于职业的特殊性，养成了雷厉风行的个性，一米八的大个儿，做事却非常谨小慎微、力求完美。这种职业化的特点，让他在情感中备受煎熬。

他在朋友眼里是一个一丝不苟、非常严谨的人，和女友结婚后更是化身为一位不折不扣的宠妻狂魔，买菜做饭，把妻子照顾得可谓无微不至。然而，近期却和妻子屡屡发生争吵，妻子动辄就摔东西，甚至还出手打人。

这是怎么回事呢？原来他总是被内心的条条框框所限制，比如和妻子出去逛超市，一定要走A路线，理由是这样省时省力，而且还会喋喋不休地给妻子灌输自己的思想和逻辑！

他的爱人受宠惯了，不是那么轻易顺从的。于是，他就边走边嘟囔，有意无意地表现出自己的不舒服，妻子先是抱怨，后来忍受不了就发火、摔东西。

这样的情况最近频繁出现，汪诚也感到非常焦虑，感觉和老婆相处需要小心翼翼、如履薄冰，所以前来求助。

可能是由于工作的关系，汪诚养成了凡事精益求精的习惯，然而过于追求完美的性格，也给他的婚姻带来了很多麻烦，我相信在生活中他也常为此感到焦虑。

在汪诚看来，对就是对，错就是错，只要是他认准的事就一定要坚持，无论这种坚持会造成怎样的结果。我试图帮他看清自己的这种是非对错观用在工作中是好的，但用在其他方面就显得不合时宜了。例如关于路线问题，汪诚总是坚持走固定的路线，他认为只有这条路线是正确的，却没想过有时候换一条路线，可以看到不同的风景。

拥有完美主义症结的人，总是盯着问题看，只会越来越烦躁、情绪化。我建议汪诚，只要不是原则性问题，大可不必这样固执，问题一旦发生了，不要执着于谁对谁错，而是将关注点放在补救措施上，例如跟妻子好好谈谈，陪妻子逛街购物。不要因为一个问题再制造出无数连环问题，如碎碎念、发脾气、摔东西、不依不饶……这样只会让关系越来越紧张。

在第三次咨询中，汪诚又讲到和妻子的一次登山经历：下山时，因为不小心踩了一下她的脚，虽然马上安抚，可对方还是不依不饶，自己非常生气，下山冷静了一会儿又回来，可情况并没有好转，妻子非说自己是故意的。这件事在汪诚看来，完全是妻子无理取闹。

实际上，妻子很可能是想让他哄一哄，而汪诚则从是非对错的角度看待问题，并为此烦躁不已。他不解风情，反而绞尽脑汁利用各种方式说服妻子，目的就是让妻子明白他不是故意的。妻子没有得到想要的安抚，便骂了他。对策无效的情况下，他只好沉默，任由老婆发脾气，其实是在用沉默表示对抗。

你会发现，汪诚在纠结老婆冤枉了自己，而不是尽快息事宁人、及时止损。

当然，他的妻子也可能存在问题，毕竟一个巴掌拍不响，但我们本节主要讲述完美主义思维给生活造成的影响。

完美主义的根源属于幼儿式的二分法思维模式，也就是“要么全有，要么全无”的极端思维。在完美主义者眼中，事情只有对错、好坏、成败之分，没有中间地带。这类人在做事过程中，不允许有任何偏差，任何微小的错误对他们来说都是一种失败，然而当这种极端思维应用到生活中时，尤其是情感方面，就会出现很大的问题，导致强烈的负面情绪产生。

加拿大约克大学心理学教授戈登·弗莱特说：“人们在某些方面追求完美，这很正常。比如工作，要想成为一名优秀编辑或外科医生，就不能犯错。但如果在生活中的其他方面，如家庭生活、外貌和业余爱好方面也持有这种态度，你就会遇到问题。”

接下来根据本节所讲内容，结合自身实际情况，列出你平时经常会追求完美的 3 种情况：

1. ______________________________

2. ______________________________

3. ______________________________

如果你存在完美主义的问题，可以从以下几个角度进行调整：

1. 增加自我觉察和反思。如果我们的某些想法，经常让自己变得痛苦，导致问题重重，就需要有意识地自我觉察和反思，是不是由于过于追求完美导致问题的发生。

2. 换个角度看问题，并有意识地进行自我训练。案例中，汪诚对于妻子不按照自己选择的路线走感到非常不舒服。遇到类似的情况时，完全可以当作一次训练的机会，尝试放下对完美主义的执着，而是想象为一次放松练习，从而减少完美主义思维的影响。

3. 学会享受过程，不过分看重结果。你一旦学会放弃对完美的追求，就立刻能获得轻松的感觉。

4. 放弃抵抗，接纳负面情绪。心理学领域有一个“白熊理论”，指的是你越暗示自己“不去想白熊”，“白熊”的形象越会在你的头脑中时隐时现。也就是说，主动压抑一个想法，反而会让这个想法更强烈。因此，当负面情绪出现时，承认它，接纳它，通过合理的方式表达出来，而不是选择抗拒。

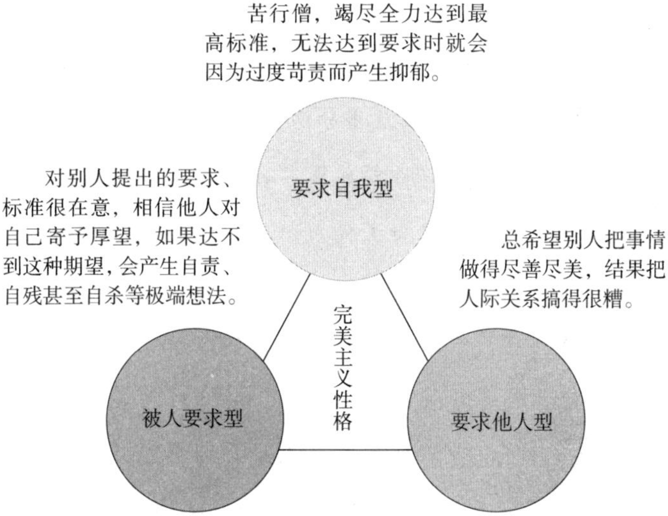

我善解人意，却经常委屈自己

高敏感者的感受力很强，特别是当他人遭受挫折和痛苦时，他们能够感同身受、理解他人。这种换位思考的共情力是常人所不及的，但问题是很容易陷入委屈自己、自我责备的怪圈。

于欣是一个东北的小女生，刚刚从卫校毕业，在医院妇产科从事护理工作。

求助前，她长期处在一种焦虑不安的状态里，也可能是因为工作上出了一些问题没有处理好。比如给婴儿喂奶时喂吐奶了，家长在窗口看到后投诉了院方。自己特别理解家长，面对领导的责备什么也没有说，并且暗暗责备自己，同时也没有任何办法面对和解决问题，反而开始变得神经紧张，特别担心被领导批评，总是能敏锐地捕捉到人们都对她有意见的方面。经常会因为人们的评判，把自己的感受弄得很糟糕，注意力完全放在了评判人身上，以致处理不好本职工作。

经了解，于欣的这种状况在她早年的时候也经常发生。用她的话讲："父母经常不在家，在家的时候又经常吵架……"受此影响，于欣极度缺乏安全感，总是担心自己做错事，被父母责罚，导致这样的反应模式，延续到长大成人，延续到工作当中。

于欣的问题，看似是工作中遇到了一些麻烦，实际上与她早年的反应方式有关，也就是说，她在这件日常事件中投射了大量的焦虑、不安全感。而这种不安全感、自身的敏感特性来源于生长的土壤——原生家庭，也包括她和父母的关系。所以，她会存在把问题复杂化、严重化的倾向，当然这部分可能是不自觉的无意识反应。

我试着把她从这样的自我评判思想中拉回现实，好让她觉得问题也许没有想象中的那么糟糕，试着从问题一般化角度去理解自己，重新让自己变得舒服起来。所以，我建议她问问其他同事有没有处理类似事件的经验。当她突然发现，原来这样的错误别的同事也犯过，可能会让她的压力小一点。

事实上，通过接下来几次的咨询沟通，我发现于欣压力最大的部分不是工作，而是处理内化作用下产生的自我批判。她觉得自己内心虽然很理解父母，却无法理解为什么他们会给自己带来如此深远的影响。

> 内化作用是指吸取父母或长辈等外界权威的价值观、信念或思考方式等，使之成为自己的内在想法。

于欣觉得自己不需要社交，一个人的时候会很舒服。其实这是一种逃避的行为，觉得避免了社交就不需要担心别人的评判或看法了。但同时，又觉得自己不应该拒绝社交，这样未免有些太封闭自己了。可见，她是渴望社交的，只是这样的人际敏感和过度担心让她显得畏首畏尾、不敢说话、回避社交。

有时候心理咨询的目的，就是要帮助来访者拔掉早年影响自己自由生长的钉子。我们一点点回溯这些给于欣带来伤害和影响的事件，处理掉之前未完成事件带来的情绪，包括案例中提到的喂奶事件。

我没有建议她具体该怎样做，我看到了她在这件事中的责任心，她是有能力、有意愿把事情做好的，相信她自己会做出与原来不一样的选择。

当别人指责你的时候，高敏感者往往会忍气吞声、委屈自己，但这样的处理方式同时也是潜在心理问题的导火索。根据本节所讲内容，结合自身实际情况，列出平时经常会让你感到委屈的3种情况：

1. ________________________________
2. ________________________________
3. ________________________________

如果你经常委曲求全，可以从以下几个角度进行调整：

1. 减少自责。不要再像以前一样，出了问题就立刻去攻击自己，而是试着从不同角度思考问题，避免陷入自我责难的怪圈！你不可能满足所有人的期待，遇到事情的时候要多角度思考，不要单向地认为都是自己的问题。

2. 表达真实的想法。寻找自己内心真实的声音和感受，不要为了迎合他人的需求而把自己的感受弄得很糟。

3. 保持积极的态度，努力解决问题。问题发生之后，努力寻求解决之道。犯错不可怕，一定要展现出积极的态度，而不是一味地委曲求全。人们只关注结果，问题没有解决，大家还是会怪罪于你。

于欣属于讨好型的高敏感者，如果不加以改善和重视，有可能发展为讨好型人格，这是人格障碍中的一种，患有此类问题的人，往往会一味地讨好他人而忽视自己的感受。这是一种无原则的善良，是一种强烈的自我牺牲，在这样的关系中充满了冲突和痛苦。

讨好型人格特质

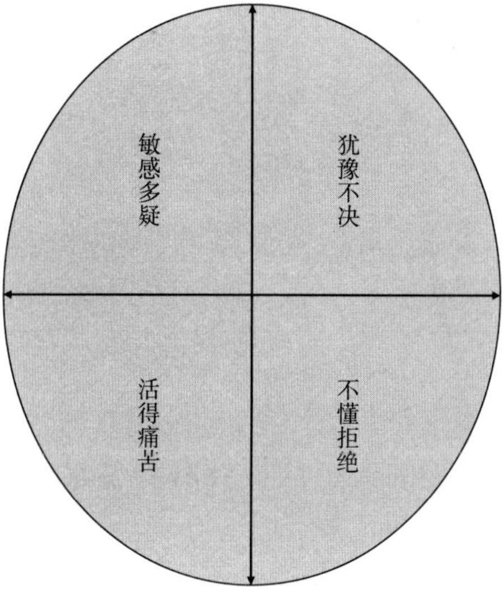

对照上面的讨好型人格特质，检查一下自己是否也存在类似的问题反应方式。想办法发挥性格优势，做到宽以待人，但这绝不是无原则地取悦对方，因为你的感受也同样重要。好好定位自己，利用高敏感优势成就自己。

性格优势	性格劣势
宽容	取悦症
利用良好的人际关系，实现更大的成就。	没必要取悦所有人，把自己的需求摆在第一位。

不懂拒绝的人，活得到底有多累

高敏感者在某种意义上，是别人口中的老好人，也可能会发展为讨好型人格。不同的是，讨好型人格障碍是无法改变的，而高敏感者是可以逐渐改善的。

在高敏感者心中拒绝他人是可怕的，但不足以致命。而患有人格障碍的人，往往更极端，内心是绝不允许拒绝他人的，一旦发生可能会无法接受，导致更多的障碍和冲突，只有讨好别人才能带来心灵的安宁。

也可以这样理解，对于高敏感者来说，讨好模式可能会给生活带来障碍和痛苦；对于讨好型人格患者，讨好模式反而成为一种享受，却有可能给身边的人带来痛苦。

高敏感者往往容易给自己带来更多麻烦，并且深深为此自责。美国加州洛杉矶精神科医生朱迪斯·欧洛芙博士指出："相较于性格强势的人，敏感的人往往会活得更辛苦。"这样的描述非常符合不懂拒绝这一群体的状态。

路蕾是一位初一女孩的妈妈，前来求助的导火索是女儿最近变得情绪暴躁，经常发火，摔东西，甚至让她滚出自己的房间。

她很伤心，有时甚至会想到如果没生女儿就好了。在路蕾的老家，重男轻女的思想还是很严重的，当时公婆一直想要男孩，知道是女孩后家人多少有些失望。

在这样的家庭阻力下，她本来是要放弃的，但是在老公的坚持下还是要了女儿。没想到的是女儿竟会在青春期这样对她。

自己很痛苦，在工作中从来都和别人和和气气，人际关系上从没遇到过问题的她，面对一个青春期的孩子，怎么会变成这样?

我帮路女士分析，发现她之所以遇到问题，是因为她不懂拒绝。女儿小时候的要求，她都会尽力满足。随着年龄增长，女儿的要求也越来越高，而当妈妈满足不了时，就会出现暴怒的现象，因为在她的概念里，妈妈是不会拒绝她的。

女儿的全能自恋感，让她在得不到的情况下，变得非常暴躁。这样的情况也会出现在学习中，当学习遇到问题、成绩下滑时，情绪也会比较容易走入极端。

全能自恋，是每个人在婴儿早期都具备的心理，这一时期的婴儿会觉得自己是无所不能的，只要一动念头，和我完全浑然一体的世界（其实是妈妈或其他养育者）就会按照我的意愿来运转。

讲到这里，路女士好像意识到，自己不懂拒绝，不但给自己带来了人际烦恼，还让女儿也受到影响。所以，她必须承担起责任，女儿的问题也有她的责任，她必须学会拒绝别人，无论女儿有多大的情绪，也不能再成为无条件满足女儿要求的理由。

通过回溯，路女士发现在生活中也有这样的问题。有一次出门买菜，看到路边摊上石斑鱼要20元，她以为是按斤算的，就要买下两条，结果一称，老板说是按两算的，两条算下来要480元。她本意是拒绝的，但路旁的人说她会付钱的，她像是被催眠一样，掏钱买下了两条石斑鱼。回来后她为这事难受了整整一星期。

不懂拒绝的后患是无穷的。这样的模式和我们对拒绝的解释有关，像路女士这样的人在与他人相处时，很容易陷入一种“说不”就是“坏小孩”的隐性思维。

拒绝后会特别在意他人的感受，所以宁愿自尝苦果。他们往往在原生家庭中缺少父母的认同，以期通过自我牺牲来获得认同。因此，在其内心深处埋藏着一种这样的假定：这是唯一可以获得他人认可的方式。

从某种意义上来讲，我们都有通过迎合、讨好他人获得好感，来寻求在关系中的价值和地位的倾向。但高敏感者为了获得别人的认同和好感，常常会形成一种潜意识，即便自己被麻烦死也不愿开口拒绝别人。以为牺牲自己的时间照顾别人的情绪，会让自己变得更有价值，但殊不知这会吞噬生活、拖垮自我。

回忆一下，你有过因为不懂拒绝而使自己受罪的遭遇吗？根据本节所讲内容，结合自身的实际情况，列出 3 种此类情况：

1. ______________________________

2. ______________________________

3. ______________________________

如果你存在难以拒绝他人的问题，可以从以下几个角度进行调整：

1. 改变认知误区。内心想要拒绝，嘴上却答应了，你以为委屈自己对方就高兴了，实际上当你不情愿做事结果没做好的时候，双方都被伤害了。只有改变错误的认知，才能进一步自我调整。

2. 先说不，再谈别的。对于麻烦你的人，如果不方便，直接回绝，不要过度思索可能的后果或他人的感受，你的感受和选择也同样重要。重要的是，讲出来之后你就不会敏感于此了。

3. 学会温和而坚定地说“不”。可以从小事做起，慢慢学会坚定地说“不”，你拒绝了别人并不等于要伤害他，只是以你的能力无法帮助他，这一点可以向对方表明。圣埃克苏佩里在《小王子》中说："重要的东西用眼睛是看不见的，只有用心才能看得清楚。"希望你用心看见自己，同时也教会别人看见你，从此让自己的身心变得愉悦和轻松。

人际模式改变训练

STEP 1 给别人帮助自己的机会 当别人主动帮你的时候，不要拒绝，甚至主动寻求他人帮助，感受良好的社会支持。	STEP 2 体验被拒绝的感受 你身边有没有总是能够第一时间说"不"的人，练习向他们提要求，体验被拒绝的感受，看看到底有没有像你想象中那么严重。
STEP 3 自我肯定 你很难拒绝别人，是因为内在评价体系脆弱，因此利用一切机会肯定自己，慢慢就会形成稳定的内在评价体系。	STEP 4 沟通，说出真实感受 拒绝别人之后，他们肯定不开心，没关系，充分表达你的理由以及真实感受，对方就能理解了。

第二章 Chapter 2

如果你的身上也出现了这些迹象

迹象 1：广泛性焦虑——总担心给别人添麻烦

广泛性焦虑障碍是一种慢性焦虑，患病率在 5% ~ 6%，白人的发病率更高，患者的平均年龄为 32.7 岁。不仅为生活所迫的成年人可能患上广泛性焦虑障碍，儿童和青少年群体也可能因为过度担心成绩、与同学的关系而出现广泛性焦虑症状。

患者的明显特征是长期为两种以上的压力因素所困

扰，例如人际关系、收入、健康等因素，患者很难自控，为此耗费了大量时间、精力，并会出现以下伴随症状：疲劳、紧张、易怒、睡眠问题、注意力不集中。

认知行为疗法之父阿伦·贝克认为广泛性焦虑障碍与人的“基本恐惧”有关。所谓基本恐惧，就是指对失败、失控、生病、死亡等的恐惧。

看下面这个案例：

在很多人眼中，罗茜是一位特别懂礼貌、有涵养的大三女生，但这样的描述往往会让她很不舒服，因为在她眼中，自己根本不是这样。

她总觉得和别人交往，自己会特别心累，她会想办法让每个人高兴，可总是忽视了自己的感受。即使这样，在交往中，她还是会在意别人的看法，担心被别人忽视，哪怕是有一点点不满，她都能敏感地捕捉到……

一天夜里，她发了一段长长的话给闺密，

告诉她近期的一些安排，想不到闺密只发了“嗯嗯”两个字，这让她非常不舒服，觉得很尴尬，总觉得闺密不愿意理睬她，想着想着就郁闷了。

但罗茜又不想继续找闺密澄清，等遇到了闺密，也装作没事人似的。总害怕给别人带去困扰，又拒绝表达自己的真实想法，结果只能是经常被焦虑情绪困扰。

到了实习岗位，也是如此，自己明明能做好的事，却在内心深处总是莫名担心，觉得自己简直弱爆了，觉得自己华而不实……妄自菲薄之后，又弱弱地来一句：你一定没问题。

罗茜和同事在一起，也总是感觉疲累，但这样的感受并不是工作忙碌导致的，往往是因为她过度担忧的结果，担心给别人添麻烦，担心别人不喜欢自己，担心这个，担心那个，整日忧虑，对身体、精神的消耗很大。

罗茜的表现是高敏感人群的第一特点，神经质地在意别人，总担心给别人添麻烦，具体表现为比一般人更容易感受到自己和他人的情绪变化，当连续和别人沟通或长时间交际时，就会吸收他人的感觉和情感，并非常容易筋疲力尽。

当一个人同时承载自己和他人的感受、情绪时，无疑会非常容易疲劳。如果你也有类似的症状，应该怎么做呢？

通常情况下，我们需要尊重内心的真实感受，一旦情绪表达不出来，就会出现各种身心问题。比如在罗茜的案例中，她明显感觉到自己的不舒服，却因为害怕别人的意见而拒绝情绪的流露。然而，带着这样的状态，严重影响了工作，在参加实习工作时开始自我怀疑，开始变得不自信、不愿交往等。

这些拒绝表达冲突的人有着很深的自卑感和担忧，

他们会觉得，如果讲出自己的看法，对方万一觉得我矫情，觉得我太小气怎么办？伴随着这样的羞耻感，患者往往会倾向于不讲。

他们会因为害怕给别人添麻烦，竭力避免任何引发冲突或歧义的表达，而这样的行为选择，会让他们的问题固着下来，这样的问题又会影响他们的自我关系，而且会把这样的冲突、情绪无形地传递到更多方面。

在这里，罗茜没有顾忌自己的真实感受，心理学将此视为内外表达的不一致性。简单来说，就是笑着表达一种让我们痛苦、难受的事。这样的表达对自我成长是不利的。这样的人，往往会以别人的感受为重，既不能给别人添麻烦，也不能和别人起冲突，更不能让别人不快。

讲到这里，让我想起了去年的一个来访者梨先生。他因为一次旅行在飞机上被一位女士踩了一下脚，由于那位女士有些胖，所以梨先生被踩到时非常痛，但他没有任何表现，就像什么也没发生一样走开了。

他之所以走开，是因为害怕和别人起争执，即使完全是对方的责任。这样的来访者如果追根溯源，往往能在原生家庭中找到端倪。梨先生说："遇到冲突，我会联想到自己曾在小时候被教育过和别人打架是不对的，这样的观念像紧箍咒一样，深深地印刻在我的脑海里，我却在事件发生后的很长时间内不能释怀。"

梨先生坦言："看似我原谅了那位女士的过失，但心理上一直耿耿于怀，以致内心有无名火指向自身，为什么不能及时表达自己的愤怒呢？"

的确如此，我们仿佛对别人有无限的包容，但这样的包容往往是在勉强自己的情形下完成的，甚至这样的让步有时连自己都觉得匪夷所思。

迁就和退让也会让人困扰，尽管你在理智上是接受的，但会产生不舒服的体验。记住，情绪是不能通过压抑来化解的。

表达冲突和避免冲突成了两难抉择，让你头痛不已，但要知道讨好对方不一定会得到对方的喜爱，反而使得害怕自己不被接受的恐惧过度强化。所以，你需要看到表达冲突背后的需求，也许是内心深处害怕自己不被接受和喜爱的恐惧。解决了这个问题，害怕麻烦别人的表象也就迎刃而解了。

如果你存在广泛性焦虑的问题，可以从以下几个角度进行调整：

1. 放松练习。有规律地练习腹式呼吸和深度放松技术可直接减少焦虑，一个不错的身体训练计划也可作为治疗手段之一。

2. 自我对话。给你目前焦虑的内心冲突起一个趣味昵称，比如捣蛋鬼、小淘气等，用拟人化的象征手段把它从身体里拎出来，和它对话，来关注它背后的愿望与需求，表达自己的不舒服，以对话的方式慢慢地赢得它的配合。

3. 学会带着症状去生活。对于自己的焦虑可以采取顺其自然的方法，不干预、不拒绝、不要求，带着它们认真地投入生活中去，做应当做的事。一言以蔽之，就是假设问题不存在，你会做些什么，那么就像没有问题一样去做就好了，好让症状决定它自己的去留。通常能坚持下来的人，往往会因为这样的策略而逐渐减轻症状。

广泛性焦虑自查

根据本节所讲内容，结合自身实际情况，列出你平时经常出现焦虑的 3 种情况：

1. ______________________________
2. ______________________________
3. ______________________________

迹象 2：假性自我满足——以回避社交为目的的独处

很多时候，我会建议以孤独为耻的来访者把独处当作自我选择的结果，去享受这个过程。然而，还有一部分人，明明可以社交，却刻意回避，拒绝任何形式的人际交往。

他们的区别在于，一个自然习得，另一个刻意回避。刻意回避的人，往往是在传统文化下生长出的“假性自我”的产物。

举个例子，就好像明明有社交需求却倾向于回避，回避是他的躯壳，这是一种假性自我满足。这就像一个孩子，遇到爱吃的零食不争不抢，表现出内心“特别乖”“特别听话”“特别懂事”的样子，背后往往隐藏着不能体察亦不能表达的“愤怒”，以及排山倒海的“抑郁”。

他们不敢破坏父母制定的规则，反而不断地讨好、退让，避免触及和谈及自己的喜怒哀乐，逐渐发展出以享受“独居独处”为特点的假性自我满足。

我的来访者“孤独的苹果”就是这样一位喜欢独处的人，但他告诉我，一开始并不是这样的，他在初二以前特别愿意和人交往，人际关系也很不错。直到有一天，他要出去和朋友玩，父母以学习成绩太差为由拒绝让他外出。

“孤独的苹果”经过再三的软磨硬泡和思想斗争之后，终于败下阵来，顺从了父母的决定。在经历了中学时期父母的限制后，他开始变得孤独而敏感，总觉得别人对他有意见，和谁相处都充满了不信任。

他开始慢慢回避社交，同时又会陷入社交

焦虑和内心冲突，不接受自己的孤独，以享受独处为乐。

心理咨询师其实并不关心患者交往了多少人，而聚焦在患者对自己的处境是怎么看待的、有何种感受。

独处是独自一人但不感到孤独，孤独却是感觉自己与世隔绝、被孤立、渴望社交接触。

孤独的人即使有社交机会，其孤独感还是会影响和限制他对社交接触的渴望，因为这样的感受往往会削弱他们与其他人正常交流沟通的能力。觉得自己被孤立的人有较强的社交危机意识，例如唯恐说错话。他们通常更敏感，更小心翼翼，陷入一种回避社交假性自我满足的陷阱，将对自身状态和社交能力负面的思考自动屏蔽。

假性自我满足通俗地讲，就是明明自己是孤独的，却以喜欢独处自居。这就好比别人送了一份礼物给你，你并非真心喜欢它，可是为了社交需要，你还是会说："太感谢了，我太喜欢了！"

我有一个患者曾经是运动员，她在婚姻、事业上都遇到了一些问题，其中有老公的背叛、领导的潜规则，让她无法喘气，觉得离群索居才是她最终的归宿。

她身上便有一个非常明显的特质，不会表达自己的情绪、想法、感受，老公出轨离婚，自己有委屈不会表达，因为她担心如果表达出来反而让别人觉得她很脆弱。

她对领导也是这样，明明被潜规则是她不愿接受的，有愤怒却不敢说出来，担心领导生气会对她的发展不利，这让领导觉得她在默许，反而更加肆无忌惮地纠缠她。

心理咨询改变的过程通常是缓慢的，不会因为心理咨询师给患者做出解释而改变。而随着她弄清楚自己拒绝表达背后的原因之后，慢慢意识到她真正的想法和感受，并不是离群索居这么简单。

离群索居是她应对现实失败后的衍生物，是一种假性自我满足和对现实问题的回避，然而回避与解决相距甚远。

通过心理咨询的工作帮助来访者认识到这一点，是要循序渐进的，而且他们在开始觉察自己的创伤和愤怒时，会遇到很多阻抗。一般来讲，改变会非常缓慢，并且只有真正唤醒了来访者的感受时，改变才会发生。

那么，假性自我满足的问题是怎么来的呢?

举个例子，小时候，大人要我们听话，我们不听话，便可能会遭到各种责备、责骂、体罚甚至暴打，于是，出于生存本能，产生了一个听话、乖巧的自我，压抑着自己所有的喜怒哀乐，发展出了一种迎合、满足父母期待的行为方式。假性自我便应运而生。

长期处在假性自我模式中长大的人，往往容易出现身心障碍。

古代阿拉伯学者阿维森纳，曾把一胎所生的两只羊羔置于不同的外界环境中生活：一只小羊羔随羊群在水草地快乐地生活；而在另一只羊羔旁拴了一只狼，羊总是看到自己面前那只狼的威胁，在极度惊恐的状态下，根本吃不下东西，不久就因恐慌而死去。

医学心理学家还用狗做嫉妒情绪实验：把一只饥饿的狗关在一个铁笼子里，让笼子外面另一只狗当着它的面吃肉骨头，笼子内的狗在急躁、气愤和嫉妒的负面情绪状态下，产生了神经症性的病态反应。

实验告诉我们：长期压抑自己的真实需求，将自己置身在恐惧、焦虑、抑郁、嫉妒、敌意、冲动等负面情绪中，是一种破坏性的情感，长期被这些心理问题困扰，就会导致身心疾病的发生。

针对假性自我满足的人群，建议按照以下方法进行改善：

1. 与自己和解。我们需要与过去和解，与自己的父母和解，最重要的还是与自己和解。调整呼吸，保持正念，邀请我们内在的“小孩”出来，问问他有怎样的情绪和想法，我们一一接纳。关心他的担心、害怕，帮他一一克服。

2. 暴露疗法。直面冲突，让自己暴露在恐惧的情境之下，看看会有什么发生。一般来说，一个人的状态不

会一直糟糕下去，到了临界点就一定会好转。这时我们就要学会掌握事情的主动权，而不是让问题左右我们的选择。

3. 学会表达负面情绪。不被表达的情绪往往会成为心理障碍，持续影响接下来的生活。因此，一旦有负面情绪，一定要找到适合自己的方式表达出来。

假性自我满足自查

根据本节所讲内容，结合自身实际情况，列出你平时刻意回避社交的 3 种情况：

1. ______________________________

2. ______________________________

3. ______________________________

迹象3：自我批判
——你为什么总觉得自己不够好

高敏感总令我们频繁地去质疑自己，一味地批判或者迫切地急于改变，会让问题变得更加扑朔迷离，带着这样的问题视角，很难更深入地去了解自己，更无法正确看待我们的经历和感受。

魏辰是一位有点微胖的男士，目前在夫妻关系方面遇到困扰，因此前来求助。他和老婆于2007年相识，第二年就生了一对双胞胎福娃。

相识之初，他并没有觉得两人特别合适，只是女方对他很好，另外自己的家境不好，想早点结婚，减轻父母的压力。

但是，相处下来，总是感觉老婆无论是身材还是相貌，都不是他喜欢的类型。魏辰总觉得如果就这样过一辈子，人生会留下很多遗憾，进而在和老婆的关系上变得被动、逃避，夫妻之间经常几个月没有性生活。

后来，魏辰经常会对别的女性产生兴趣，幻想着和对方发生关系，又觉得自己这样是不对的。他出轨的想法有多强烈，内心的自我批判责罚就有多强烈。在这样的情况下，他还是往前走了一步，但发现那里也并不是自己的栖身之所，纠结着要回来，但好像一切都回不去了。

魏辰开始变得更加自责，无时无刻处在一种内疚的体验里，想要改变，却又无力改变。

当一个人开始反复批判自己时，一定希望能够及时做出调整和改变。例如魏辰，希望以更好的回归来弥补老婆，回归家庭。但往往太容易被问题牵制，根本不知道该如何进行改变。

其实，魏辰之前已经感受到强烈的不舒适感，这就是一种信号，提醒他不要做某事。如果想要寻求灵魂的安宁，就要想办法让自己回归家庭，毕竟精神和心理舒服才是最重要的。

我告诉他："你的老婆虽然不是最好的，但也不是最差的，只要你和她在一起是最舒服的，就是最适合你的。你改变不了老婆的身材、容貌，但可以改变你们的关系，与老婆之间变得舒服、自在、相处融洽，谁能说这不是爱情呢？"

事实上，理想中的爱情只存在于想象世界，我们爱上谁并不重要，也没有一个人 100% 符合我们的期待。因此，每一段爱情都会有失望和痛苦。重点在于，你如何面对这样的失望和痛苦，这是每个人需要面对和成长的课题。

李子勋曾说：少男少女的爱像是在爱父母，需要的是关心；年轻人的爱像是爱自己，渴望认同；成年人的爱才是爱别人，有着奉献与宽容。他认为，有许多成年人的爱其实也是在爱自己，但他可能生活在一种恋爱的幻觉中。所以，为了帮助魏辰勇于从爱情幻觉里走出来，去正视和接纳自己的老婆，我给他讲了一个叫《渡口》的故事。

20世纪70年代末，有两个相爱的人，他们分别在相隔200多里的县城教书，在那个书信来往的年代，他们早在一个月前就约定好在甲城相见，但由于忍受不了寂寞和相思，也想着给对方一个惊喜，男友提前两天从甲城出发到乙城，满心期待地想象着遇到女友之后的各种憧憬。

不巧的是女友也早早结束了教学工作，多请了两天假，从乙城出发匆匆赶往甲城，希望让男友喜出望外。

一路上他和她都特别兴奋，设想着接下来

如何快乐地度过美好的假期生活……但是阴差阳错，就在中间某个渡口，他们擦肩而过。

然而，当时两人都不知道，还在继续向前赶路，大概是命中注定，这次出行会让他们各自失落。但是，整个过程中他们的内心充满了爱和自足感。他们内心都深爱着对方，为对方着想，这样的努力过程本身就是难能可贵的。

最后，不管怎样，纵使不能如期见面，他们还是能在彼此的努力中，看到更多的爱与在乎。

故事蕴藏着一个很深的哲理，那就是你的爱和恐惧都是自己一个人的。你内心有什么情绪，就会投射怎样的情绪到爱人身上。想要感觉到爱，首先要内心有感受爱的能力才可以。

希望魏辰能够明白，在爱中也有矛盾的一面，患得患失时，我们应该学着放下自己的执念，进而把时间和精力用到真正能为生活注入新鲜活力和价值改变的地方。

有条件的爱，那是迷恋、迷失，迷失的爱不是爱，爱是对自己在乎的人的语言和行为表达，也就是说，一个人苦心寻找的爱不存在于外界，除非他的内心真正有爱的觉醒，才会有想要寻找爱的表现。

由于内在的匮乏和空虚，你不断地企图抓取外部的东西把它填满，抓一些爱，抓一些接纳，抓一些认同、认可、特殊感进来。但是随之而来的评判、拒绝、羞耻、内疚都源于此。

之后，魏辰表示自己的内心还会出现批判的声音，于是，我们进一步进行对话沟通。在咨询过程中，问题的本质也逐渐清晰起来。据我了解，魏辰早年经常容易受母亲情绪或者母亲需求的控制。

成年后的他，也会为了迎合母亲的需要讨好母亲，做很多让老婆不舒服的事，于是慢慢就和老婆之间出现了问题。接下来我将工作重心放在了他和母亲的关系上，和母亲依恋分离，和老婆重新建立连接，不要让老婆成为母子关系的牺牲品。

和老婆关系发生变化的同时，也试着在母亲面前表达自己真实的想法，渐渐地，魏辰内心自我批判的声音开始变淡了。

针对习惯性自我批判的人群，建议按照以下方法进行改善：

1. 让批判的声音充分表达。行为心理学研究发现，所有的禁止都是加强。当你不允许这种批判声音出现的

时候，反而会更加激发和强化它的出现。最简单的方法就是深呼吸，调整好自己，然后轻声说："来吧，让我听听你都在说些什么。"

2. 充分体验批判声音带来的感受。自责、羞耻、内疚、低落、挫败……当它们来的时候，多去问问自己的感受是什么，如鲠在喉、如芒在背、如坐针毡……想办

法用语言描绘它，也可以躺着静静地去感受它。

接下来，允许自己的感受彻底释放出来，想哭就哭一会儿，想骂就骂出来，不要压抑自己的情绪。下面是一个《情绪释放表》，在第一栏中，将你目前的情绪通过简笔画的形式画出来；第二栏用来记录情绪宣泄的方式，需要认真感受你的情绪，如果你很难过，想要大哭一场，那么就让眼泪放肆地流出来吧。如果你目前不方便释放情绪，那么千万不能就这样算了，感受此刻的情绪，然后将内心最渴望的宣泄方式记下来，当条件允许的时候再去做；第三栏是用来记录情绪宣泄之后的感受，你会找到属于自己的愉悦状态。

情绪释放表

	情绪宣泄方式	情绪宣泄之后的感受

情绪释放表（续表）

	情绪宣泄方式	情绪宣泄之后的感受

3. 跟“批判者”做朋友，促膝长谈。不要把脑海中的“批判者”变成你的头号公敌，反而更应该像老友一样，邀请他坐下，好好聊聊天，问问他的需要，谈谈你的不舒服。比如：在你心中，我如何能让你满意呢？你是有什么为难之处吗？……这一步是为了更好地找到它固执地影响你的原因，更好地找到和它融洽相处之道。

自我批判行为自查

生活中，你做过哪些事，导致你的内心出现自我批判的想法？根据本节所讲内容，结合自身实际情况，列出平时经常出现的3种情况：

1. ______________________________
2. ______________________________
3. ______________________________

迹象4：玻璃心——为什么鸡毛蒜皮的小事也能伤到你

高敏感者的另外一个特征就是玻璃心，稍有不满意，就可能导致情绪的山洪暴发。

为什么会这样？他们容易把发生的事情主观放大，以偏概全，过度解读别人的表达，错误判断别人的言行反应等，然后为此产生一种强烈的情绪化感受。

为家人的一句话耿耿于怀，为朋友的一个玩笑闷闷不乐。只要事情发展没有按预期的想法进行，就会刺痛高敏感者的神经，导致他们无法从情绪的泥潭中挣脱出来。

生气、暴躁、伤感……这些都是高敏感者在人际交往中最常出现的问题。

有这样一对母女，前来咨询已经持续了 3 年多的时间。女儿虽然叫欢欢，但天天不开心，现在已经辍学一年了，妈妈为此非常焦虑。

欢欢最早来的时候对妈妈特别依赖，动不动就哭泣，甚至有轻生的念头。外界有一点风吹草动，都会让她特别敏感，忍受不了。

经了解，在小学二年级的时候，父母离异，欢欢跟了妈妈，妹妹跟了爸爸。当时妈妈开了一家足疗店，每天工作很忙，对她照顾不周，甚至有些忽视。妈妈早早地把她送到了一所寄宿制学校。小学毕业时，欢欢开始厌学，不想去学校。每次妈妈都要费好多口舌，最后情绪暴发，开始通过打骂的方式逼她上学。

一开始还是比较奏效的，欢欢在妈妈的打压下，乖乖去了学校。但到了初二，再也坚持不下去了，内心有特别明显的抑郁、轻生念头，最后经人介绍来到我的咨询室。

逐渐地，随着咨询的开始，欢欢的抑郁和依赖性有所改善后，内在开始变得有力量，具体表现就是开始和妈妈不断争吵！

母女两人解决问题的途径就是比谁的情绪更极端，谁都不怕事大，但最终还是妈妈选择妥协。然而，这一次的妥协意味着下一次的变本加厉。我试着利用积极情绪治疗的语言解构思想，帮助她们解释冲突。所谓“语言解构”，就像剥洋葱一般，一层层揭开情绪的真相，将情绪化的语言改译成情绪背后的需求和关爱。

女儿：我不知道你怎么了，感觉你有火。（妈妈，感觉你的情绪不太好，是不是我说错什么了？）

妈妈：你关注点少放在我身上。你为什么那么敏感？我什么事情也没做，一会儿就回家了。（谢谢你对妈妈情绪的关心，我没那么敏感，放心吧，很快就到家了。）

女儿：你要是不顺心，我可以去姥姥家。（我可以做些什么让你好起来吗？）

妈妈：我没有不顺心。（我挺好的。）

女儿：本来挺高兴的。（那我们就开开心心的。）

妈妈：你别把什么事都往自己身上揽，你要是不高兴，我就不回去了。（你不要老关注那些不好的方面，妈妈只是事情比较忙而已。）

妈妈：我不想吵。（我们都好好说话。）

女儿：我也不想吵。你这人怎么这样？我还给你带了礼物，你愿意怎么着就怎么着，这是你家，我走。给你带的东西就在茶几上。（我知道了，这次回来我还给你带了礼物。）

妈妈：你又乱花钱，跟你说过多少次了。（是吗？闺女，懂得给妈妈买礼物了，但妈妈什么都不缺呀！）

女儿：你要就留下，不要就扔了。我没有气你，本来挺好的。（你就拆开看看吧，我费了半天劲儿选的，希望你收到会开心。）

妈妈：我本来也挺好的，还不是因为你？有话就不能好好说！（没有人比女儿更心疼我了。）

女儿：我怎么没好好说话了？是你在逼我。你这样，我只会认为我是一个多余的人，一直在害你。（我们更应该彼此关爱。）

妈妈：我才是多余的，是我没本事。（妈妈更有精力去工作了。）

女儿：你吃什么药了！（看到你这么开心，我也会努力学习，将来报答您。）

妈妈：还不是被你气的。（对不起，刚才是妈妈说话有点着急。）

女儿：我怎么气你了？（嗯，是有一点点，不过都过去了，现在你开心了就好。）

妈妈：我本来什么都没有，你非得一句句刺激我。（女儿越来越会哄妈妈开心了。）

括号外面是母女真实的对话，括号里面是我改译之后的对话，旨在帮助两个人通过文字看到冲突背后彼此内心想表达的爱和善意。接下来，我又给她们讲了一个寓言故事：

一个小和尚，在向师父追问如何得道，师父将其领入一个密闭、漆黑的房间。师父对小和尚说：这里面有一把锤子，你去找出来。小和尚很努力地寻找，可无论是瞪大眼珠子，还是将眼睛眯成一条缝，都没有发现锤子的位置。这时，师父点燃了一根蜡烛，借着微弱的烛光，小和尚很快找到了墙角的那把锤子。

我想在此表达的是，看不到，有时候并不代表没有。就像女儿看不到妈妈愤怒背后的爱一样，其实欠缺的只是一点微弱的烛光。我们可以称其为心灯，也就是说，通过它，你看到的不再是自己孤注一掷的敏感与负面投射，而是负面情绪背后的需求与爱。

这是一张玻璃心标签卡，你是否也会出现上述问题呢？

玻璃心标签卡

非常在意外界评价

无法接受别人的意见、指责

无法面对世间种种负面信息

很难逃离负面情绪，而且会越陷越深

极其自我，希望一切遂自己心愿

针对容易玻璃心的人群，建议按照以下的方法进行改善：

1. 降低期待，减少自卑。玻璃心的人说白了，就是对自己的能力不足感到自卑，内心缺乏安全感，通过一些脆弱、暴怒等情绪来获得同情。可以试着降低标准与期待，内心的感受就会缓和一些。

2. 第一时间表达内心感受，而不是憋在心里。玻璃心的人遇事往往容易多想，却不会表达自己的所思、所想、所感，所以要在第一时间把自己的心理感受说出来，让别人知道。

比如有朋友开玩笑说："你不爱讲话，难道是哑巴吗？"无论你感知到的是嘲笑还是关心，都可以第一时间表达出来，例如："你这么爱说，我不能抢你风头啊！"或者"给你个眼神自己体会！"

第一时间表达内心感受是很关键的，不过需要注意表达方式，学习一些高情商的表达方式，就不会因为说错话导致人际关系问题。

3. 拒绝踏入负面情绪的旋涡。这是一种最简单的方法，你害怕在公众场合发言，没问题，不去发言就是了，避开这种可能引发负面情绪的场合。当然，并不是建议大家一味地逃避，否则会变得自我封闭，陷入另一个极端。不喜欢的事不要强求，正视、接纳、尊重自己的性格特点。你就是你，是颜色不一样的烟火。

玻璃心自查

根据本节所讲内容，结合自身实际情况，列出你平时敏感脆弱的 3 种表现：

1. ______________________________
2. ______________________________
3. ______________________________

迹象 5：被拒敏感者——别怕，他们不吃人

被拒敏感者，从字面意义来讲，就是害怕被别人拒绝。言外之意，他们会因为自己的敏感特性担心被人拒绝，进而恐惧与人交往。

章路就是这样的人。在她的认知里，如果对方没有回应，她就会长期陷入自我怀疑和折磨之中，反复琢磨着：对方为什么不搭理我呢？

比如，在工作中，同样是被领导训斥了，别的同事很快就忘记了，她的内心却不断指责打压自己，带着这样的状态，她开始逃避交往，甚至遇见同事连招呼都不敢打。谈到原因，她一开始会把原因归咎为自己的情绪不好、不稳

定，所以不想和任何人接触。

这样的情形最早可以追溯到她小时候，当出生后发现她是女孩，一心想抱孙子的奶奶，决定把她扔掉。幸好被妈妈及时发现，这才捡回来一条命。

因为当时计划生育的原因，一家只能生一个小孩，再加上她的父亲在当地是一个不大不小的官，为了自己儿子的仕途，奶奶才不声不响地做出了这样的事。

这件事是她长大后听说的，但因为被家人反复谈起，带来很大压力和二次伤害。

后来对于奶奶家这边的亲戚，她几乎不走动，每次过年不得已要见面时，就会特别不舒服，担心她们的看法。所以，由于这样的原因，她从小在面对奶奶家亲戚的时候，总是有很明显的负面情绪，关系处理不好，每次接触都有很深的恐惧和担忧！

由于早年的创伤记忆深刻，章路认为自己是不值得爱的，要不然也不会被家人抛弃，我花了很长的时间才让她看到自己的价值与不容易之处。接下来，我试着通过外化技术进一步对她进行治疗。所谓外化技术，指的是找到一个象征物，用外化的对话方式与自己说话，表达出来，患者会感觉到一个不一样的世界。在咨询室，我找到了一个玩偶，代表过去的她，然后让她通过对话的方式与过往的创伤和解。

咨询师：看到过去的自己，有什么感受呢？

章路：想哭，有些不舒服。

咨询师：非常好，想哭就允许它表达，可以哭出来。

章路：我感觉她好差劲儿，什么事都做不好。

咨询师：什么事都做不好？这个小女孩要做什么呢？你觉得她哪里没有做好？

章路：爸爸要她去奶奶屋里拜年，可她就是不敢去。

咨询师：你面前的这个玩偶就是当年的你，现在你是成年人，回头看一看那时候的自己，有什么想要讲给她的吗？

章路：别怕，有我在，我会帮你的。

咨询师：这样一来，她会感觉好一些吗？

章路：好一些了，可还是害怕。

咨询师：没关系，假如你面前的玩偶会说话，你觉得她会试图讲些什么给你呢？

章路：她会告诉我要保护好自己，不要再被奶奶伤害。

咨询师：这非常好，你怎么做才能把自己保护好呢？

章路：我能想到的就是快速地进去拜年，然后赶快出来。

咨询师：非常棒，你这样做既没有让爸爸

为难，又学会了自我保护。在伤害你的人面前，应该练习更好地保护自己。

章路慢慢认识到，在一些无法逃避的人面前，我们可以尝试着先保护好自己，再去接触。

另外，学着外向归因，遇到对自己不友好的人，一定不要完全觉得是自己做得不好，也有可能是自身敏感的特性导致的，试着放下对自己好与坏的执着，弱化事情带来的影响，等有机会再澄清。

其实，也有可能是对方没有看到你的好，或者只是不喜欢你提出请求的方式。何必那么在乎别人的看法呢?

针对被拒敏感人群，建议按照以下的方法进行改善：

1.用实验的心态面对拒绝。在漫长的一生中，几乎每个人都会体验被人拒绝的尴尬和失落，而被拒敏感者往往会过度放大其带来的影响，这时如何获得一种实验的心态，在被拒绝的环境下做练习、成长和改变，才是使问题逐渐得到改善的关键。

2. 外向归因解决被拒敏感。美国斯坦福大学心理学博士后劳伦·豪及同事们在研究中发现，不同的人在面对拒绝时的反应不同。他指出有一类人倾向于内向归因，这类人往往会把被拒绝的原因与自身联系起来，不断反思自责。比如他们会说：

> “都是我不好，所以人们才不喜欢我。”
>
> “我真的好差劲儿，配不上她，也不配得到幸福。”
>
> “我能力不足，且太过孱弱，完全没有什么价值可言。”
>
> ……

但与此同时，研究还发现，另一类人则倾向于外向归因，在他们看来，被拒绝是小事一桩，不是自己可以控制的。也因此，当被拒绝时，他们显得更从容一些。

所以，你要学会在面对拒绝时，多找外向归因，这样会轻松很多。

3. 自我关系决定一切。对于被拒敏感者，并非无法改变，最重要的还是接纳自己。你和自己的关系没有问题，与别人也就不会有自我冲突产生了。想办法在这个复杂的世界活得简单、舒服，成功做自己才是最重要的事。

被拒敏感者自查

根据本节所讲内容，结合自身实际情况，列出你平时害怕被拒的3种情况：

1. ______________________
2. ______________________
3. ______________________

迹象6：焦躁性不安
——如何面对负面情绪的侵扰

高敏感者特别害怕变化，一旦消极变化来临，就会导致情绪暴发。

周红一度被医院诊断为躁郁症，在吃药半年后，感觉效果不显著，果断停药并前来咨询。她是一位2岁半女孩的单亲妈妈，半年前离婚，前夫给她请了一个保姆照顾孩子。

谈到他们的婚姻，周红表示离婚前两人在相距200公里的两座城市工作，虽然老公每周都回来两天，赚钱也足够多，可她特别羡慕别人，向往着三口之家天天都能在一起的温馨画面。

一个人要面对生活中的所有事情，遇到问题，身边连个讲话的人都没有。总之，她觉得自己的现状是无法忍受的，一个人带孩子真的很难、很累，很希望老公回来找份工作，一起分担。

这样的问题从结婚以后就开始了，老公承诺等孩子出生之后就回来，可是生完孩子老公并没有兑现承诺，而且每周回来之后还要跟一堆狐朋狗友应酬，总是不能给她想要的陪伴。生孩子之后事情太多，当孩子拉了、尿了、哭了时，她就会特别委屈，会把消极情绪一股脑儿地向老公宣泄出来，最后导致他们的关系越来越糟糕。

周红只要情绪不好，就用折磨老公的方式宣泄自己的不满。最后，老公决定连房产都给她，也要离婚。她描述老公的原话："本来我以为自己能忍的，但最后发现我忍不下去了。"

直到婚姻结束半年，她口中依然满是委屈、抱怨，整天被这样的情绪折磨。

咨询中，我有一个很直观的感受，周红在这段婚姻关系里，从来没有看到过自己的问题。她处理不好自己的孤独，处理不好自己的情绪，也处理不好自己的需求，一直用倒逼的方式，去获得自己想要的生活。

直到最后把老公逼走了，却发现自己还需要他，还幻想着他能回来给自己和孩子一个完整的家。

作为咨询师，在她情绪还不稳定的时候，尽量先关注情绪，做了几次咨询后，我开始慢慢通过差异性提问帮她看到自己的问题。所谓差异性提问，指的是对一种行为的不同赋意：如行为的对象、场景和时间组织，提问的目的是找到差异性，从而扰动她的问题思维。

咨询师：你们之间是谁认为问题还有另外的意义？如果真有另外的意义，最大的可能是什么？

周红：当然是他了，我觉得是问题，他不这么认为，好像我在无理取闹。可能他觉得也有的家庭跟我们一样，人家过得好好的。

咨询师：听上去你有些认同他了，是这样吗？

周红：嗯，我感觉我有时候的情绪就是控制不了，明明知道结果不是自己想要的，可就是不会服软！

咨询师：嗯，可见人不是问题，问题是伴随着你们之间的互动而来的。其中，你的坏情绪起到了很多破坏作用，是这样吗？

周红：算是吧！可他说过的话为什么不算数？我接受不了。

咨询师：你接受不了他说话不算数，具体是指什么呢？

周红：他说过有孩子了就回来发展，可就是不回来！

咨询师：我的感受恰恰和你有所不同，我感觉他是为了让你高兴，所以答应你要回来发展。说不定他也有自己的为难之处，比如回来没有好的机会；或者他担心你们天天在一起，会因为鸡毛蒜皮的事情吵架；等等。

周红：你是指他也有为难的地方。只要他回来，什么困难不可以和我讲？

咨询师：但是现在你们已经走到离婚这一步了，一周两天的陪伴你不满意，现在一天都没有了，你的状态是怎样的呢？

周红：我感觉还是比较焦躁，每天有处理不完的事要做，孩子的、工作的，都忙疯了。早知道这样，干吗和我结婚呢？

咨询师：婚姻是两个人的事情，所以婚姻发展到哪一步，都需要双方承担起各自的责任。一味地怪他，会让你的生活变好吗？

周红：好像不能。

咨询师：所以你必须找回生活的主动权，对自己负责，让自己过好生活，而不是整天想着他，让你不舒服。

从这次咨询开始，周红逐渐认识到关系发展到现在，她也要承担部分责任，一心把关注点对焦到对方身上，问题则会一直存在下去。

周红在分享自己婚后如何和老公吵架的时候，眼眶开始泛红。我仿佛感受到，她情绪暴发时，身心状态差到了何种地步。于是，我给她讲了一个《风与太阳》的故事：

某天，太阳和风在争论谁更有力量。风说："当然是我更厉害，你若不信，咱们就比试比试。你看下面那位老人，看看谁能让他把外套脱下来。"

太阳也不甘示弱，说道："好啊，比就比，你先来。"

风开始使出浑身解数，想要把老人的外套

吹下来。没想到，它越是用劲儿吹，老人越是把外套裹得更紧。

太阳见状哈哈大笑，缓缓地从云彩后面走出来，阳光暖洋洋地照在老人身上。没多久，老人就开始出汗，实在太热了，不一会儿，老人就把外套脱了。

太阳告诉风："温和友善永远强过激烈狂暴。"

我将这则故事讲给周红，是想要告诉她，用情绪的暴发要挟而来的爱，总有一天会失控。

针对情绪容易暴躁的人群，建议按照以下方法进行改善：

1. 避开负面信息。情绪暴躁的高敏感人群，面对负面信息时，就像导火线一样，一点就着。知道自己的性格，平时就需要多加注意。举个例子，我们的一生会遇到不同的人，有些人面相凶恶，有些人面相和善。我们无法选择与谁相遇，但是可以选择与谁交往。也就是说，我们可以躲着不喜欢的人，只接触喜欢的人。面对负面信息也是如此，惹不起，还躲不起吗？

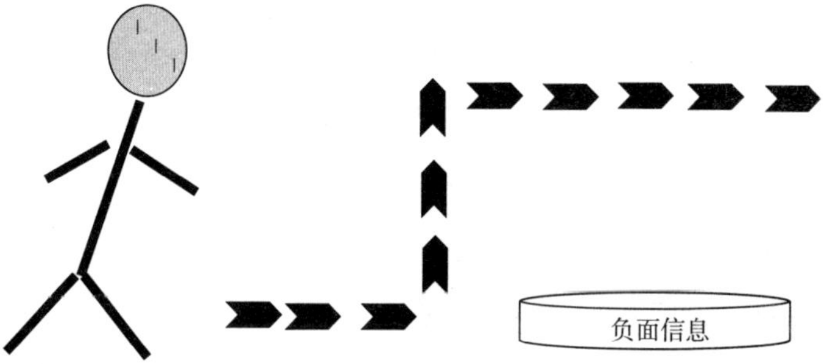

2. 建立新的目标，计划新的开始。当我们有目标时，往往会比较容易走出焦躁的状态，因为无事可做时，人们通常更容易胡思乱想。所以，当你陷入暴躁焦虑的状态时，通过建立新的目标，让自己重新开始。很多人一提到设定目标就头疼，不知道该做什么，其实设定目标并不是一件很复杂的事，不是让你想出一些改变人生的宏伟计划，而是一个轻易就能实现的小目标。例如，当你感到烦躁时，设计一个跑步计划，去附近的公园跑一圈，只跑一圈，如果能够坚持下来，晚上奖励自己一顿可口的食物。

3. 生活秘籍：问题简单化。不要让问题复杂化，一切都遵循简单原则，问题越复杂越容易烦躁，一切简简单单就好。简单的人际关系，简单地处理问题，只处理自己能胜任的问题，放弃太复杂的问题。

焦躁性不安自查

根据本节所讲内容，结合自身实际情况，列出你平时经常感到焦躁的3种情况：

1. ______________________________

2. ______________________________

3. ______________________________

第三章

Chapter 3

到底是什么让你不安

工作失误，老板会不会怀疑我的能力

领导冲整个部门的人发火，让我感觉很有压力；

同事们在一起窃窃私语，我总是怀疑他们在说我坏话；

业绩拖了后腿，老板会不会认为我的能力不行？

……

我接待过的具有高敏感特质的求助者，经常会提出以上问题，这样的敏感性，给他们带来了很多困扰。

卢春花是我的老客户介绍过来的来访者，她是一个工作狂式的上班族，每天恨不得长在单位，但即便忙成这样，她还是活得战战兢兢，总担心工作失误会引起老板不满。

卢春花工作 13 年了，在单位也获得了一些荣誉，但她总觉得自己没什么优势。她特别受不了自己的一点，就是对于老板的批评特别敏感，她明明已经很努力了，可工作中还是会犯错误。一出错，她就特别害怕领导找她谈话，躯体变得紧张，呼吸急促，胸口发闷，甚至想撂挑子不干，让领导换人算了。

这是卢春花求助的主要问题，但通过对话，我发现问题远不止和领导相处这么简单。

咨询师：你认为造成自己敏感的原因是

什么？

卢春花：我觉得可能跟小时候父亲的家暴有关吧。

咨询师：可以具体说说吗？发生什么了？

卢春花：我脾气倔强，然而感觉父亲特别想控制我一样，我一不听话，他就动手。

咨询师：嗯，那现在和父亲的关系怎么样？

卢春花：从初中以后他就没有对我动过手了，可我感觉自己开始有些怯懦了，别人说话大声一些，我就会很紧张、慌乱。

咨询师：嗯，听上去父亲打你的事情虽然过去好多年了，但对你来说这方面特别敏感，当领导大声讲话时，就好像回到当年父亲训斥你、打你的时候，是吗？

卢春花：嗯，好像是这样！

咨询师：所以你和父亲的关系现在怎样呢？

卢春花：现在还好，结婚后我和他的接触

不多了，他好像能听进去我的话了，可能也觉得我长大了，我现在都是两个孩子的母亲了。

咨询师：嗯，这么些年你一直被类似的痛苦困扰，有没有向他们提起或探讨过这些呢？

卢春花：没有，我对他和母亲都隐瞒了我的心理问题。我不太想告诉他们这些。就好像心里有阴影了，明知道他不会再像小时候那样打我，可还是有一种恐惧感。

咨询师：所以听上去恰恰是这样的恐惧感在束缚着你，在工作中也不能像其他同事一样，可以这样理解吗？

卢春花：嗯。

咨询师：嗯，看上去虽然你拥有一个30岁的躯体，但给人的感觉是你还会回到早年的心理状态，可以这样理解吗？因为那种害怕的感觉在一直提醒你，一切都没有过去！

卢春花：嗯。

咨询师：那你有没有做过一些努力，想办法让自己变得不一样？

卢春花：没有。

咨询师：嗯，没有关系，可以说说原因吗？

卢春花：我觉得还是有些不想面对吧！就是想到这件事会有一种恐惧感，别人会觉得有父亲在，是一种有靠山的感觉，但我想到父亲只会觉得恐惧。

咨询师：你觉得父亲在你的生活中更像是扮演了什么角色呢？

卢春花：感觉像警察！只要我稍微有些错，哪怕仅仅是他感觉到是错的，都会以威胁或武力来解决。

咨询师：没有人可以在这样的环境下成长得好，可以这样理解吗？

卢春花：嗯。

咨询师：所以感觉这不完全是你个人的问

题，反而我觉得你承受了这么多，还能坚强地生活，应该是特别不容易，只有特别顽强的生命力才能做得到。可以说说吗？是什么支撑着你走了这么多年，或者你是怎么做到的，我看到你身上有一种特别的力量……

卢春花：嗯，其实我想到过死，只是爷爷奶奶拼命把我拉了回来，还有妈妈她也很好。

咨询师：我觉得没有任何伤害是爱无法弥补和战胜的，在你身上也说明了这一点。在你还小的时候，遇到父亲这样的对待确实容易受伤，因为你当时还不懂得保护自己。恐惧感对我们是一种保护，它是来避免我们再次受到伤害的。

接下来，我想通过下面这个案例来帮你理解现在的自己。

动物园的透明玻璃橱窗内关着一头凶猛的雄狮，走近时感觉狮子快要出来了，让人特别害怕！

小朋友A走过去，看到了狮子，特别恐惧，二话不说撒腿就跑。

小朋友B，看到了狮子也很恐惧，冲它吐口水，并大喊：呸，我不怕你。说完眼泪还是不由自主地流了下来。

小朋友C，看到狮子后，被吓傻了，待在原地一动不动。

看到了吧，不同性格的孩子恐惧时的反应是不同的。我们都很怕橱窗里的狮子，但长大了才知道狮子是出不来的。其实，父亲的脾气或行为正是那头关在身体里的狮子，它也是不会轻易伤人的，是会有所保留的。

这个保护就是爸爸心中的爱和心疼，它就像动物园里的玻璃橱窗，会防止他心里的猛兽出来伤害你。但你不知道玻璃橱窗是否牢固，也不清楚他内心的爱是否可靠，所以才会特别没有安全感。

你只看到了爸爸的行为，是打了你，骂了你，但打骂背后的原因是你那个年纪所理解不了的。其实这样的行为，主要是针对你的倔强性格，他担心你的性格将来到社会上会吃亏，还不如让你在家里吃点苦头，在社会上反而不容易受到大的伤害。讲到这里，你会好受一些吗?

卢春花：嗯，是的。现在可以解决我和领导的敏感了吗?

咨询师：你觉得有安全感的孩子更容易敏感，还是没有安全感的孩子更容易敏感?

卢春花：我理解了，我们正在解决它。

咨询师：好好回忆一下小时候受伤的场景，和我们刚刚引申的小故事做对照结合，去逐渐修复自己的伤害，等有一天你能够坦然地面对父母，和他们轻松地谈这些，我想你的心理状态就已经改善得差不多了。

事实上，卢春花早年的经历，与父亲的关系，是与现在处理不好跟领导的关系有关的。如果我们能改善这一点，和领导之间的敏感也会有变化。

在咨询过程中，我不断强化她内在的力量，帮她成长和察觉自己内在有力量的部分，帮她看到在那样的环境下成长，任何人都可能不会好，但是她依然生活得很好，说明她比其他人更有韧性。通过帮她看到父亲行为背后的爱和善意，去发现问题以外被忽视的力量！

针对职场恐惧、焦虑的人群，建议按照以下的方法进行改善：

1. 把问题讲出来，并直面自己的情绪。例如领导批评了你，在心里问自己："被领导骂是不是很难受？""没关系，是谁都不会开心的。"把问题讲出来，然后以平常心看待，可以有效缓解情绪。

回忆最近一次在职场经历的不愉快：

____

你的感受是怎样的：

____

你觉得问题出在哪里：

____

你认为应该怎样改善，从而避免类似的情况：

____

2. 问问自己有什么可以做的。也就是将精力和关注点放在自己擅长的方面，让自己感受到在进步，而非倒退。操作起来，可以按照森田治疗的八字方针："顺其自然，为所当为。"例如产生恐惧情绪的时候，感受它，顺应它，并适当忽视它，想办法把精力和关注点放在应该做的事情上。

3. 别把自己"绑"得太紧。要让自己"松"下来，能量低的时候不强求，能量高的时候尽力做。不要总是难为自己，即便有最坏的结果，几次尝试下来，你就会发现天是不会塌的。

上下级关系自查

工作中，你跟领导的关系怎么样？根据本节所讲内容，结合自身实际情况，列出你平时与领导关系紧张的3种情况：

1. ______________________________
2. ______________________________
3. ______________________________

在感情上缺乏安全感，总想控制对方

高敏感者由于性格使然，他们的情绪很容易出现较大波动，敏感且不稳定，也会由于内心的不安、焦虑，在恋爱关系中想要控制对方。

子豪的求助让我有些错愕，女友因为某些原因不理他了，而他一直认为是抑郁情绪让女友变得很敏感，由于无法调节情绪才选择离开他。

但我明显感觉到他们这段感情出现了危机。之前两个人是住在一起的，近期女友搬走了，说自己抑郁了，想一个人待一阵子。然而通过咨询，女友遇到的实际问题是，和子豪在一起没有空间，有种被控制感！

子豪的控制感与原生家庭存在一定联系，他来自二婚家庭，爸爸和继母又有了一个小他 10 多岁的弟弟，家人都围绕着弟弟转，他有一种寄人篱下的感觉，做梦都想逃离自己的原生家庭。

女友的出现让他喜出望外，因为他终于有底气和原来的家庭告别了，很快他们就住在了一起。但让人想不到的是，同居还不到半年，女友就要离开他。

咨询师：感觉你特别想帮助女友改善心理问题。

子豪：是的，我觉得这是她选择分手的原因。

咨询师：嗯，你女朋友有求助意愿吗？

子豪：她在心情好的时候应该是有求助意愿的。

咨询师：何以见得呢？

子豪：上个月我们没有发生争执时，她提过要找心理医生的事。

咨询师：嗯，目前女友搬离了你们的住所，你是怎么看待这件事的呢？

子豪：我感觉她嫌我太烦，太依赖她，现在她情绪很不稳定，状态有些抑郁，我帮不上忙，还一直逼她，给她压力。

咨询师：可以说说吗，发生了什么，让你们的关系开始变成这样了呢?

子豪：是这样的，前一段时间她和我提过想辞职，我说快过年了，再等一等吧，就没赞成，也没问她原因。但突然有一天，我发现她有些反常，她说晚上和同事吃饭，我就偷偷到她单位门口等她下班，没想到她和一位男同事一起去了饭店。幸好我及时发现，制止了，不然后果不堪设想……后来，我把这件事告诉了她父母，并逼她辞了职。

咨询师：嗯，听上去你在处理你们的关系上很有控制欲，比如她想辞职，你也不了解具体原因就表示反对；她和同事吃饭，你也没有问清原因，就告诉她父母，还逼她辞职！不知道这样讲对不对?

子豪：嗯，她也这样说过，希望我给她一些空间和选择，可能是我做了太多事，让她不舒服。

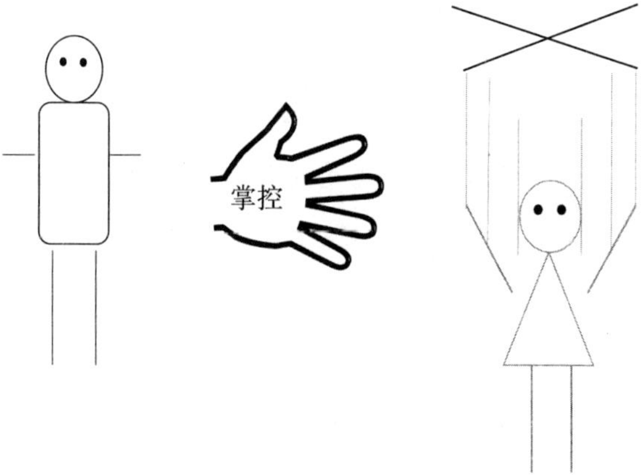

咨询师：你能认识到这一点，我觉得是一种进步，感觉你平时有些忽视她的感受了。是这样吗?这样的感受在你生活中还出现过吗?是怎样的?

子豪：嗯，我很害怕失去，就像当年父母离婚，我失去了妈妈，保护不了妈妈一样。我怕抓不住幸福，这种害怕的感觉让我容易焦虑、不安。

咨询师：听上去当年的感受会影响你和女友的交往，你必须要掌控你们的关系，不然很容易陷入当年的混乱、不安里，是吗？

子豪：是的。这也是为什么我必须要告诉她父母，我只是希望她长个记性，她这样太让我寒心了。

咨询师：嗯，你的出发点是为了让你们的关系变得更好，但听上去并没有达到你的预期。这就好像，你父母当年的分离，对你来说还是影响比较大的。潜意识中便会把你和女友的关系变成那样，希望能够改写结局。

举一个例子，要知道你和女友的关系是否值得被信任，这就像一个刚经历过地震的人，他会觉得大地、天空是不安全的。然而，普通人走在路上是不会觉得随时可能发生地震的！

为什么经历了地震的人会这样，因为他暂时“得病”了，他会感觉到与正常情境不符合的危险。

这里的“病”就是他们的不安全感和无助感，所以你在和女友的关系中需要过度的警觉才能保护自己，在精神分析中称为“投射性认同”。投射性认同最早是由克莱因在客体关系理论中提出的，它是一个诱导他人以一种限定的方式做出反应的行为模式。

你的预警机制会保护你，但同时也会扰乱你以及你和女友的关系，很容易给对方施压，造成对方的不信任。

子豪：嗯，老师你是说是我的反应敏感造成的结果吗？可这样的敏感性怎么改善呢？

咨询师：我们想要降低敏感性，首先，要

有一个舒服的自我关系，无论发生什么，先关注自己的状态，不要带着不安和焦虑做决定。

其次，要懂得给自己和他人一个缓冲期，暂时忍受不舒服，好好倾听和理解这种不舒服背后的愿望是什么，有什么事能够让它舒服起来，同时又是你可以做到的。看到对方的需求，看到自己不一样的改变，也许你们的关系才会有好的变化。

最后，把所有的敏感事件都当成自我成长过程中的练习，不要求处理得多完美，而是从中获得应有的觉察和成长，慢慢你就会改善这样的敏感性。

子豪：谢谢老师，我会记住的！

咨询结束后，子豪一直握着我的手表示感谢，他第一次这么清晰地看到他和女友问题的本质，他已经知道如何改变了。

其实，对于子豪来说，想要变得和正常人一样，还需要经历很长时间的训练，一次咨询能帮到他的真的不多，但把他带上正确的道路是可以实现的。

父母与子女的关系在很大程度上决定了孩子日后的心理问题，这也是心理咨询所关注和探讨的。作为咨询师，我们无意站在救世主的角度声讨那些给孩子带来创伤的父母，只是希望这样的伤害通过我们的努力能变得更少一些。

为人父母，我们要体会孩子的感受，及时察觉与回应，不要让家庭的伤害变成他们冲不破的魔咒。人人都有选择婚姻的自由，可以离婚，可以再婚，但孩子不应该成为婚姻关系的牺牲品。

针对控制欲比较强的高敏感人群，建议按照以下的方法进行改善：

1. 自我觉察。找到控制欲背后隐藏的恐惧，以及恐惧背后的情绪、情感。例如子豪，他所恐惧的原因是害怕失去，源自儿时父母的离婚，这份害怕给他带来的是焦虑与不安。

2. 自我接纳。找到你所恐惧的情绪、情感之后，直面它、接纳它，而不是从别人身上找问题，寄希望于控制他人，这是非常错误的。

害怕冲突自查

在生活或工作中，你有没有因为不敢表达或者害怕伤害别人而导致自己出现情绪问题？根据本节所讲内容，结合自身实际情况，列出类似的3种情况：

1. ______________________________

2. ______________________________

3. ______________________________

邻居总说闲话，要不要跟他吵一架

很多时候，我们特别反感别人背后讲坏话或者对我们评头论足。但高敏感者往往会陷在这种负面舆论之中，抽身乏术！

田思思是一位大龄单身女性，求助的原因是对门的邻居总是对她评头论足，觉得她这个年纪需要抓紧时间找对象，比如她在房间里看电视，恼人的邻居就开始借口电视声音大敲门进来：“你看你，总穿个睡衣，不化妆、不出门，难怪到现在还单身！”

说完还没有要走的意思，简直快要把小田气疯！但出于邻里关系又敢怒不敢言，等邻居走了，自己一个人生闷气！

咨询师：听了你的故事，给我一种感觉，你在为邻居的问题烦恼，想改变她，是这样吗？

小田：我不想改变谁，只希望她能不管我的闲事！这毕竟是我的私事，她这样干涉算什么？

咨询师：所以听上去，你不想她再来麻烦你！你打算怎样做呢？

小田：我现在都不太爱出门了，就是为了避免遇到她，可她还是找各种借口进门来对我的事横加评论！

咨询师：嗯，给我的感觉你已经做出让步了，甚至连出门的权利都快要放弃了，没想到还是没有避免她的评论！太难为你了，但对于你们之间发生的问题，我有不同的理解。这好像有的人恐高，她就避免去高处，但也会错过只有在高处才能看到的风景。你害怕邻居评论，避免接触的同时，也丧失了睦邻友好的可能性。

小田：她都这样对我了，还怎么友好相处呢？

咨询师：她谈的问题之所以能引发你的感受，有两种可能性：其一是她的评判让你觉得被冒犯了，其二可能是你真的在这方面特别敏感，不希望面对，所以才会如此紧张焦虑。

小田：嗯，我感觉可能两方面都有。

咨询师：敏感性有时会带来一个误区，那就是我们误以为问题是外界、他人给的，但其实真正的原因可能来自我们的内在。

假如他人冒犯了你，为了日后相处，我们也要把自己的不舒服表达出来，让对方知道她这样的评价对你来说意味着什么，表达分歧和冲突并没有什么不对的，同时你也要向对方传达自己的期待，比如虽然有些事不希望对方过度干涉，但还是希望能和她保持相对愉快的邻里关系。

小田：老师，她就是太过分了，她找借口到我家这事我接受不了。

咨询师：这样的情况需要委婉而明确地拒绝，学会用有效的方式表达自己不喜欢被打扰。

小田：嗯，这方面我的确担心讲出来会伤害对方，所以一直压抑着自己的愤怒，有时都快要气炸了，想找她吵一架，这样的方式可取吗?

咨询师：愤怒时，尽可能看到它背后的需求，以及你在意的是什么，把愤怒情绪背后的问题搞明白，就不会有这样的冲突和冲动了。

小田：聊完舒服多了，我真怕哪天受不了找邻居大吵一架。

咨询师：嗯，你也需要从自身层面进行调适，更好地避免对方影响到你，至于对方怎么做、怎么说，不是我们能左右的。

说到爱对别人评头论足的人，古今皆有。最经典的就是《愚公移山》里面的智叟，愚公率领全家老小不分酷暑寒冬移山不止，这样的精神感动了许多人，连路过的小孩子都前来帮忙，但邻居智叟呢，却一直在旁边指手画脚，高谈阔论，说愚公愚，移山定不能成功云云。但最后这件事还是成功了，它流传至今，说明了一个道理，那就是："愚公不愚，智叟不智。"

所以，引申小田的案例，我们仿佛看到了故事的另一个版本，那就是愚公被智叟搞得意志动摇，从此闭门不出，不再坚信自己的幸福会来临，从此把自己困住。

不得不讲，有时候，问题不是别人给予的，也与自身有着极大关系。从这个案例中，我们不难发现，说闲话是邻居的问题，但为什么小田会被对方的问题影响呢？如何避免他人的影响，则是解决问题的关键和需要自我成长的部分。

如果说问题还有一个好处的话，那么我们应该感谢，是它照见了我们自身需要成长的部分是什么、在哪里。

老农说："听到兔子叫，不能不种豆子。"

鲁迅说："走自己的路，让别人说去吧！"

有时候生活需要智慧，也需要糊涂，像愚公一样，不要因为别人的闲言碎语而荒废了自己的正事！

针对害怕冲突这类高敏感人群，建议按照以下的方法进行改善：

1. 调整认知。合理表达意见与不同的看法是每个人的权利，并不代表反对与敌意。

2. 求同存异。发生冲突并不可怕，求同存异，在冲突中找到平衡的关系。例如小田可以肯定邻居的关心，然后告诉对方自己并不急于找对象，目前的主要精力都放在工作上，至于婚恋的事情随遇而安就好。

3. 提高表达技巧。不仅要敢于表达，更要注重技巧。有些人遇到鸡毛蒜皮的小事也能吵起来，有些人即便是原则问题也能说服对方，这就是表达能力的不同。

4. 把冲突扼杀在摇篮里。面对冲突不要一味等待，这样结果可能会越来越糟糕。当意识到冲突时就要果断采取方法，及时应对才能最小化负面情绪带来的伤害。

5. 如果是你的朋友跟别人发生冲突，你会建议他怎么做？所谓旁观者清，当冲突发生时，站在旁观者的角度更容易理性思考，从而找到更好的化解冲突的方法。

害怕冲突自查

在生活或工作中，你有没有因为不敢表达或害怕伤害别人而导致自己出现情绪问题？根据本节所讲内容，结合自身实际情况，列出类似的 3 种情况：

1. ______________________________
2. ______________________________
3. ______________________________

虽然说不上是我的错，但我总觉得错在我身上

高敏感者总是容易对旁人有诸多不满，但往往不会表现出来，他们会选择压抑自己，外在的表现与内在的真实想法截然相反。举个例子，明明这件事自己没有做错，可总是会率先道歉。在心理学上，我们将其称为反向形成，是指把无意识之中不能被接受的欲望和冲动转化为意识中的相反行为。

有的时候，人们心中讨厌或憎恨一个人，但在表面上又对此人十分热情和关心；有时心里喜欢一个人，表面上却异常冷淡。

无意识的冲动在意识层面上向相反的方向发展，人的外表行为或情感表现与其内心的动机欲望完全相反，在心理学上称为反向形成或反向作用、反向行为、矫枉

表面上　　实际上

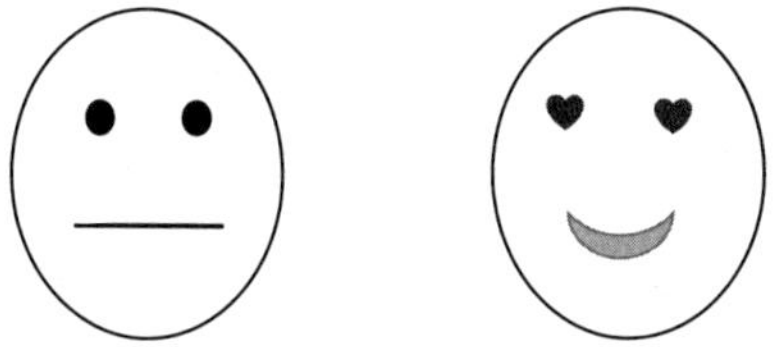

表面上　　实际上

过正，是心理防御机制之一。

造成这种情况的原因，可能源于他内心深处长期的压抑和需求不满。这让他在和别人的关系中仿佛永远处在劣势，无法表现出情感的一致性。

这样的问题比较容易出现在过分严格或有暴力倾向的家庭。冯莉就是这样一个女孩子，她从小生活的家庭，父母关系糟糕，爸爸经常酗酒，酒后就会和妈妈吵架，有时还会家暴。

街坊四邻经常过来劝架，冯莉一方面很害怕，另一方面又觉得很丢脸。在这样的家庭成长，从小就选择性地压抑自己，逃避面对他们，有什么想法需求也不会说。她知道自己的家庭条件不好，害怕一旦提出要求又会引发家庭的矛盾，长大后的她在家里也不怎么说话。

冯莉总是过度承担父母的问题，具体的表现就是会不停地道歉，害怕他们万一再吵起来。这样的情况并没有随着她的成长而改变，现在的她，依然会很在意同事的看法，想改变自己，让每一个人满意！

咨询师：听上去你特别希望获得别人的认同，让别人感到满意？所以经常让自己处在特别不安和抑郁的情绪里，是这样吗？

冯莉：是的，我很在意别人的看法，仿佛他们的一个表情、眼神就可以影响我的工作和生活，让我深陷于此，不能自拔。

咨询师：嗯，我感受到你经常因为敏感的特点带来很大压力，你特别希望自己成为一个受欢迎的人，这背后的努力和在意让我特别感动，但同时我也感觉到你给自己太大的压力和责备。能具体说说发生了什么吗？

冯莉：我从中学时就发现自己特别不合群，所以我特别羡慕那些人际关系好的同学，现在工作了，和同事也搞不好关系，比如大家在办公室里聊天，有说有笑，我抛出一个话题很容易就尴尬得无人回应，每当这样，我就特别接受不了，一连好几天都抬不起头来。

咨询师：这样的事情可能每个人都会有类似的经历，但解释不同，就会有不一样的感受！比如，你会认为自己的话题不够有吸引力，或者认为自己不讨人喜欢，就会让你做出不一样的选择。假如是前者，你可能会想着下次找个好的话题再做尝试；如果是后者，那可能会造成自我怀疑、自卑，甚至为了避免痛苦再也不愿意和别人交流了。

你会发现这两者的区别：一个是把问题一般化外归因，不会升级问题，不会破坏自己的状态；另一个就是内归因，把自己置到审判台上批评，让自己难受，结果反而什么都做不了。

所以，你唯一要做的是做出让自己变得更好的选择，想办法让自己舒服起来！

冯莉：我总想着如何改变自己，让别人接纳，从来没有想过自身才是让自己痛苦的原因！对我来说，自己开心不是最重要的，让他人满意才是最重要的！

咨询师：嗯，听到你这样讲，再结合你的经历，我感觉到你特别不容易。总是忽略自己的情绪、感受、状态，却想方设法地让别人满意！但是你要知道我们无法给予别人自己没有的感受！

冯莉：老师，这句话是什么意思呢？我有些不太明白！

咨询师：我们这样讲吧！假如你的妈妈对你特别好，省吃俭用给你最好的爱，比如让你天天有鸡腿吃，她却舍不得吃一点肉；给你买很多新衣服，自己近十年都没有买过一件像样的衣服，当你知道后，会欣然接受这一切吗？还是会有很多的内疚、自责、不舒服呢？

冯莉：好像是会很难受，后者更多！

咨询师：但你要知道妈妈是为了爱你才这样做的，她的本意是表达爱，而在你看来却成了压力、负担。这是因为妈妈没有爱自己，一个不爱自己的人是无法让别人感受到爱的！这就是我们无法给予别人自己没有的感受！

冯莉：老师，我好像明白了，也就是说，我内在是不舒服的，也给不了别人好的感受，所以重点还是在于我怎么了，如何让自己变得舒服起来！

对于冯莉来说，敏感性本来是她的优势，却带来了如此大的困扰，在于她没有利用好自己敏感的特质，不懂得如何来利用它解决问题。

假如我是她，特别擅于察言观色，可以私下问问较为信任的同事，我是不是哪句话说错了，怎么大家都不理会我的话题呢？把问题表达、澄清、解决好，而不是造成自己的困扰。

想办法让自己的感受说话，可能在她身上是特别难以做到的事，因为在原生家庭，这是她身上的保护色，这样可以避免家庭争端，但现在不同了，她完全可以利用好自己独特的感受体验，让它们帮助自己更好地成长，走出原生家庭的阻隔。

针对习惯性忽视自身需求的高敏感人群，建议按照以下的方法进行改善：

1. 提高自我价值感。接纳自己，喜欢自己，不再自我怀疑，自我排斥。适当降低标准，不再苛求自己，接受不完美的自己，同时看到自己的价值。

2. 识别思维模式。回忆最近一次与他人发生冲突或者忽视自身需求的场景，关注自己经历的事情、事情发生时的想法，以及负面情绪是如何产生的。直面自己的真实感受，刚开始会出现焦虑、不安、恐慌等情绪，这是正常现象。

3. 寻找替代性的思维方式。寻找积极的思维方式，替代负面消极的思维方式，彻底改变“我很糟糕”的想法。

4. 用改变后的思维方式指导行为。反复面对自己的真实想法，逐步进行领悟，改变就会慢慢出现。之后，利用改变后的思维方式行动，不要急于求成，一步步来，一定会得到改善的。

你是否经常忽视自己的需求?

在生活或工作中，你有没有像冯莉一样，即便不是你的错，却要率先道歉？根据本节所讲内容，结合自身实际情况，列出类似的3种情况：

1. ______________________________
2. ______________________________
3. ______________________________

第四章 Chapter 4

高敏感人群常见的心理问题

高敏感到底是怎样的一种情绪体验

作为资深的高敏感者兼心理咨询师，我必须说，高敏感者的特质会渗透到他们的生活、工作、交际等方方面面。你会时不时地感受到很多情绪体验，这样的情绪有时会让你散发出善解人意的一面，有时又会因为敏感而受伤，比如在一些琐碎的小事上花费大量的时间，自己琢磨不透，又怕麻烦人，有点像困斗兽。

大多数时候，你会习惯性地压抑和克制负面情绪的表达，从不允许自己任性，等积累到一定程度，又很难克制时，压制不住的你很容易情绪失控。

这时如果有人走过来告诉你：“可能你想得太多了，太敏感了！”

虽然你极力否认，但其实内心还是认同的，之所以不愿承认是因为你害怕自己被孤立，担心让别人觉得自己是异类。

你内心活动很多，容易察觉到身边的压力，无论这份压力是本来就有，还是主观臆造出来的，它们都会被你据为己有，所以会让你患上抑郁等方面的心理问题。

想知道高敏感是怎样的一种情绪体验，需要从以下几个方面入手：

人格特质

◉ 喜欢独处

◉ 感受深刻

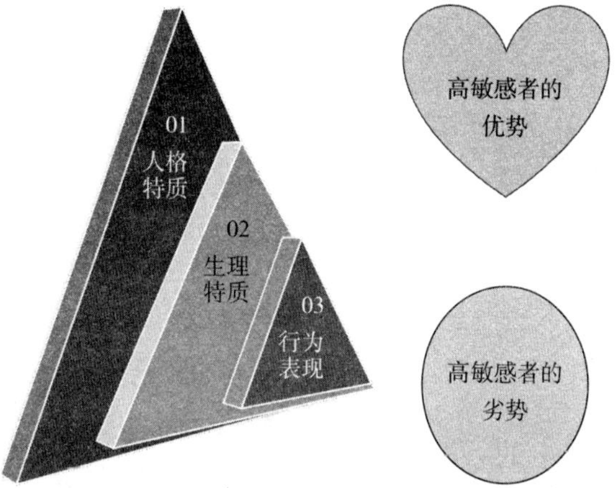

- 情绪波动大
- 经常性紧张、焦虑
- 容易陷入负面情绪，并产生身体不适
- 习惯性隐藏负面情绪
- 害怕被拒绝
- 担心别人的想法
- 很难接受负面反馈

◉ 自我意识过强
◉ 对环境敏感

生理特质

◉ 容易过敏
◉ 多数人对药物、咖啡、酒精过于敏感
◉ 对压力过于敏感，并由此产生身体不适
◉ 五感异常敏感，很容易因为轻微刺激产生愉悦或不适
◉ 受刺激之后很容易反应过度
◉ 激动时很容易失眠
◉ 受到压力时声调变高
◉ 饥饿状态专注力下降

行为表现

◉ 喜欢独自运动，例如跑步、爬山，尽可能避免团体运动
◉ 做事犹豫不决，无法果断做出决定，因为难以接受错误决定造成的后果

- 与他人相处十分注重礼节
- 过度重视细节
- 面对冲突习惯性退缩、让步
- 即使不是针对自己，看到愤怒的情况也会陷入过激状态
- 很容易被微小的事情影响情绪，突然情绪低落，或者突然很开心
- 容易被感动，尤其是音乐、电影、艺术作品等
- 做事之前总是非常谨慎地思前想后

高敏感者的优势

- 同理心强
- 更有责任感
- 具有不错的创造力、想象力
- 擅长团队合作
- 擅长自我反思
- 分析研究能力强

◉ 良好的危机处理能力

◉ 做事谨慎，善于发现错误

高敏感者的劣势

◉ 不善于处理人际关系

◉ 不善于应对压力

◉ 反应较慢

◉ 容易受情绪影响

◉ 经常性焦虑，并影响生活、工作

◉ 习惯性讨好他人

◉ 消极多疑

你可能会变得抑郁

高敏感人群容易自责，遇到问题常常谴责自己做得不好，而很少从外部找原因。

有位来访者小昆，通过多次心理咨询之后发现，自己每当要做出重大选择时经常会产生一种无力感，他为此十分苦闷，逐渐变得抑郁。他经常会自我怀疑，了解了自己的问题却感觉无力解决，经常认为如果不了解自己的问题，反而会活得更好。

当你不知道问题为何物时，并非它不存在了，看似相安无事，实则不然。无知者无畏，势必会让你陷入更大的危机之中，这是一种愚昧心态。

其实，当你的问题浮出水面时，它已经变得简单一些了。我们可以更好地了解它、看清它，积累解决问题的经验，而相应地，我们的经验越丰富，我们就越能沉着冷静地对待生活，也能越早摆脱那些不健康的期待。

我喜欢给我的来访者讲述《西藏生死书》里的一段题为“人生五章”的诗：

我走上街，
人行道上有一个深洞，
我掉了进去。
我迷失了……我绝望了。
这不是我的错，
费了好大的劲儿才爬出来。

我走上同一条街。
人行道上有一个深洞，
我假装没看到，
还是掉了进去。
我无法相信我居然会掉在同样的地方。
但这不是我的错。
还是花了很长的时间才爬出来。

我走上同一条街。
人行道上有一个深洞，

我看到它在那儿，
但还是掉了进去……
这是一种习气。
我的眼睛睁开着，
我知道我在那儿。
这是我的错。
我立刻爬了出来。

我走上同一条街，
人行道上有一个深洞，
我绕道而过。

我走上另一条街。

看到问题后，你内心才会有真正的幡然醒悟和觉察，并且开始练习，怎样才能避免“人行道上的深洞”，以及怎样“走上另一条街”。

这个过程是修炼你的内心，如果没有一段时间的避静和深观，痛苦和迷惘是不会那么快离开的。你唯一能做的是，所有的经历都好好对待，唯有如此，抑郁才能真正好转。

千万记住，抑郁不是坏事。它是来教你如何成长的，教你如何对待生命。

情绪如天气一样多变，要学会合理地释放情绪

我们的情绪，有时如阳光般灿烂，有时也会像黑夜一样阴暗。情绪感受没有好坏对错之分，这都是人生体验的一部分，我们需要接受和尊重它。不然，我们的感受得不到重视，情绪没有及时释放，就会造成积压，引发心理问题。

对高敏感者来说，抑郁时人们往往容易用自我攻击充当自己的保护色，如果理解了抑郁是好事，不去自我憎恨，学会和它相处，允许它的表达释放，它就会慢慢变得通透，清澈犹如湖水。

承认自己拥有强烈的感受，这是内心情感丰富的表达，每一种感受都接纳、都允许，给予其存在的空间，并借由你的感受来发展自身，那么，心情抑郁也会是你成长的契机，你可以拥有深刻的体会、思考、成长、领悟……

经过科学研究表明，抑郁是人体耗能最低的一种状态，这就好比手机的省电模式，这时我们最重要的是充电，人体如何充电呢？无外乎保证良好的饮食、睡眠、放松、运动等。

此外，悲伤、痛苦、眼泪也是我们感受幸福的一部分，没有它们，幸福就如同白开水一样平淡无奇，我们也无法体会幸福是何滋味。我几乎可以断言，它们的存在，只会让我们的幸福体验更加美妙！

正如积极心理学之父马丁·塞利格曼所说："心灵不会永远处在高峰体验，它必须是有高有低，有时恰恰是低谷的忧伤积蓄而来的情感更能让人感受到幸福。"

塞利格曼坚信：哭出来的悲伤是悲伤，哭不出来的悲伤就是抑郁。作为心理咨询师，我们经常引用这句话，那些忧伤的情绪可以保护心灵，及时表达能避免抑郁。

接下来，我们了解一下高敏感人群的抑郁状况，从而方便进行自我判断。当你出现以下症状时，说明你可能存在抑郁问题了：

◉ 精力下降

◉ 食欲减退

◉ 专注度降低

◉ 工作能力下降

◉ 敏感度降低

◉ 负面情绪增加

结合上面的判断依据，分析一下自己的实际情况：

____

____

____

____

____

想解除抑郁，首先，要改变自己思考问题的方式，让自己的情感自然流淌。想哭时，不妨痛哭一场，眼泪是一种疗愈，可以净化心灵，洗涤伤痕，让你拥抱美好的生活。

其次，学会原谅那些难以原谅的人和事。正如圣雄甘地所说的那样：弱者是不会原谅的，原谅是强者的特征。人生不如意事十之八九，我们不要因为受过伤害就开始变得愤世嫉俗，这个世界纵使千般不好，我们也要学会理解，安排好当下的生活，照顾好当下的自己，为敏感的自己打造好铠甲，伤害只会让我们变得更强。

原谅不是无底限地放弃自己的权益，它是直面伤害，学会腾挪之术，潜心修炼，培养韧性，修筑我们的护身墙，要回属于自我的掌控权，不再让它们去把我们的生活弄得一团糟。

除此之外，还有一些方法可以减缓、解除抑郁：

避免接触刺激源。例如你有选择困难症，遇到类似问题就会非常焦虑，那么索性把选择权交给别人。

问题一旦卡住了，那就算了。我不是劝你轻易放弃，根据自己的经验，如果觉得这个问题很容易让你陷入不断的反思，容易钻牛角尖，最好还是算了吧，因为代价太大。

对于躲不掉的刺激源，增加敏感事件次数。有些事毕竟是躲不掉的，例如你一想到周一跟老板开晨会就抑郁，这是躲不过去的，而且是很重要的事，这种情况多经历几次也就不敏感了。就像开车，刚开始开车都会紧张，如果从心里抵触，那么就会很烦恼，然而随着开车次数增加，驾驶技术越来越熟练，这件事就不会再对你造成困扰。

专注于某件事可以减缓抑郁症状。抑郁症患者很容易胡思乱想，高敏感者更是如此，有一丝风吹草动，他们都能察觉到，然后开始乱猜，结果就抑郁了。这种情况需要将精力专注于一件事，例如读一本书、看一部电影，精力都放在这件事上，也就没有精力瞎想了，抑郁症状可以得到相应的缓解。

你可能会变得倦怠

如果你是高敏感者，可能自我要求非常高，近乎完美主义的压力，往往让你在做决定或行动上犹豫不决，因此很容易感到疲劳、倦怠！

与普通人相比，你可能很容易陷入高度紧张的情绪中，能量消耗较快，恢复则相对缓慢，所以对高敏感者来说，最重要的一点就是保持能量的稳定，并努力提升能量。如若不然，你的情况可能很容易转变成能量耗竭，比如总觉得疲惫，出现头痛、四肢酸沉等症状，对工作或生活中的事情感到麻木，对人冷漠、缺少耐心。

每个人的能量都是有限的，就像一家公司的资金状况，如果过度扩张，钱很快就用完了，继而进入财政紧张状态。对于高敏感者来说，一旦能量耗竭，就会产生紧绷感，由于他们对外界的刺激、他人的情绪反应更强烈，所以消耗也更大。领导发脾气，别的同事可能不会当回事儿，高敏感者恐怕就要被吓得半死，开始思前想后，过度忧虑。

心理学家艾伦说过：待在同一种环境里，普通人会感到很舒缓、放松，而对高敏感人士而言，却像是待在一个需要随时准备战斗的危险地带。长此以往，比起普通人，高敏感人士总是消耗更多的能量，也就容易持续地感到紧绷。

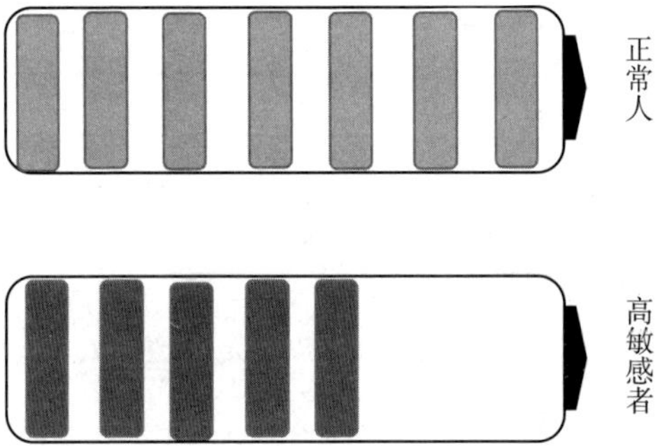

同样的环境，高敏感者的能量总是消耗得更快

琪琪就是这样一位来访者，她求助的问题是感觉自己的生命失去了乐趣，无论是工作还是生活，都感到痛苦且疲于应对。通过咨询，我发现她对自己过于苛责，而且很容易自暴自弃。

在她小的时候，妈妈在外地工作，经常回

不了家，她和爸爸一起生活，爸爸的控制欲很强，而且总是给她很大压力，她几乎每天都过得战战兢兢，时常担心因为做错事而被爸爸指责。正因如此，她变得特别敏感，比如吃饭这件事，她喜欢用勺子，爸爸就骂她太幼稚，她特别不理解，为什么非要按爸爸满意的方式，才能相安无事地生活，但也只是想想，从来没有替自己发声。

不过，琪琪的潜意识里是拒绝的，这样的压抑和影响，让她在20多年后的今天依然对父母抱有怨恨。30岁的女人却隐藏着一颗受伤女孩的心，这让她经常在工作、生活、感情中积累挫败感，常常陷入习得性无助的疲累中。

通过了解发现，和琪琪一样的人，往往容易陷入这样的思维怪圈：

我不能犯错，为了避免犯错，我宁愿不做事。

我不能让别人发现我的缺点，因此我会牺牲自己本来想做的，迎合他们的喜好。

我必须时时留意，确保旁边的人满意。

……

高敏感者习惯不断从自身寻找问题，以确保不被批评，而一直处在自我责备之中。

高敏感者必须要100%做到假定的自我设限的承诺，才能让自己得到短暂的休憩！不然，就会陷入不断的自我冲突之中。

这样的自我对待决定了他们长期活在一种不舒服的情绪体验里，而人的所有行为都是有趋利避害性的，一旦行动力不足，在决策面前犹豫不决，自然也不足为奇了，自我设限决定了高敏感者可能需要更长的时间来做决定。

对于像琪琪一样的人来说，首先，需要放弃内心的好坏评判，以及对结果的过度执着，想办法让自己更舒服一些。同时，也要学会保持内外一致性的表达，逐渐平衡他人眼中的自己和现实中的自己。

比如，在讲述一件隐私事件时，如果不愿意，可以告诉对方你还没有准备好把这件事讲出来。你可以告诉对方，这样的对话给自己带来了压力，希望对方可以理解、体会你此刻的感受，而不是过度承担别人的问题，把自己的情绪弄得五味杂陈。也可以试着用语言描述自己的感受，如："我感觉有点累，什么都不想干"，想办法让自己的情绪得到表达和释放。

其次，弹簧拧得不宜过紧，工作不必安排得太满，允许生命留白。留白，是山水画的一个高超的技艺，引申到生活，它更是一种生活的智慧。不懂生命留白的人，往往会把别人看来轻而易举的事变成一件很有负担的事。

比如好客的人会在客人到来时，非常开心地享受与亲朋好友的团聚。高敏感者则会对社交感到担忧，或者认为这是在浪费时间。在面对亲朋好友的聚会时，强颜欢笑，结果把自己累得够呛。

最后，自我接纳，找回生活的掌控权。作为高敏感者，你很可能习惯性地将自己置于和别人的比较中，特别在意那些别人能做自己却做不到的事，一心想着如何才能成为别人的样子。然而，这样只会让你更加焦虑。你需要找回属于自己人生的掌控权，想办法去做一些创造性的事，而不是总想着成为别人。

试着放下自己对结果的偏执，接受自身可能存在的局限性，允许生活中的“差不多”存在，一切顺其自然就好，相信你的内心也会逐渐舒展起来。

你可能会变得很内疚

身为高敏感者，你可能很容易感到内疚和羞耻。有心理专家指出，内疚是关于你做了什么而引发的，而羞耻则与你的自我认同有关。

举个例子，你在工作中出现失误，结果你的领导被老板骂了，领导一头雾水，你感到很内疚。然而，团队的其他同事都看见了，他们纷纷站出来指责你，你感到很羞耻。

可见：

内疚是私人化的，你做错了，以为没人知道，但是自己很内疚；

羞耻是公开化的，你做错了事，大家都看到了，因此感到很羞耻。

内疚关注的是行为，羞耻关注的是自我；

内疚是你做错了事，导致别人受到伤害；

羞耻是你为自己的错误买单，自己受到伤害。

高敏感人群极其在乎“别人眼中的自己是什么样的”，因此他们往往会因为自己做过某事而对自身有一些道德评判，加之有很多不符合自我认同的部分，就会产生内疚或羞愧的感受！

内疚所表现出来的心理活动大概是这样的：

“我做了不应该做的事”

“我违反了对错的准则”

“我应该为此事承担一些后果”

……

一系列的心理活动所产生的自我责罚也会随之而来，有心理学家将其称为“道德创伤”，指的是由于自认为有道德逾矩的行为，一个人的道德良知受到了伤害，引发了这个人深刻的内疚感和羞耻感。它不是一个病理层面的概念，而是一种对非正常事件的反应。

从某种层面来讲，内疚感其实是把愤怒转向自身的过程，一般分两种：一种是提示你的行为可能对别人产生实质性影响，通过内疚来补偿；另一种则是过往挫折经历导致的夸大性的内疚感。

高敏感者往往属于后者，他们可能会为一些无法人为控制的事而内疚，把诸多不合时宜的感受强加给自己。

我有一位来访者，从小由奶奶养大，和奶奶的感情很深。然而奶奶去世时，她刚好在外地，家人也没有通知她，等到她出差回来时，才听到这个噩耗，但她表现得很平淡，一滴眼泪也没有掉。

过了几个月后，她得了严重的抑郁症。原来得知奶奶去世后，她无法接受这个事实，每天用内疚来折磨自己，以减轻丧亲的痛苦。

但是家人没有通知她这件事，的确不是她的错，因为她无法控制父母怎么做。她本可以责怪父母，用愤怒和哀伤处理好自己的情绪，她却把原因归咎于自己。

内疚感让她很难辨别两者，其实她应该说点什么或做点什么，以此表达对奶奶的缅怀以及对父母没有通知她而产生的不满情绪，这样可以减少内疚感。

在咨询室里，我让她顺应自己的感受去做一些情绪表达和处理，去接纳那些无法改变的事情，比如无法承受奶奶的离去，无法面对父母行为的不满……

减少内疚的方式就是表达自己无法承受的情绪，因为在小的时候，我们很容易把家人之间的冲突或误会当成自己的错，从而导致过度内疚，这是我们内疚感最早的雏形。

事实上，如果我们能允许和试着去接纳并表达自己的情绪，那么我们会改变对父母和对自己的看法，释放小时候积累的过度内疚感，让我们得以释怀。

对于我们来说，唯有真实，忠于自我，才能更有力量。对于高敏感者来说，不要庸人自扰，减少自认为的不堪，多看看那些犯错改正之后重新美好生活的人，然后带着美好的自我观照去做让自己舒服的事。

除此之外，再介绍几种简单有效的方法。如果是因为你的错误导致的内疚，你可以从中选择适合自己的方法：

尽力弥补过失。例如你犯的错却让自己的领导承担责任，你可以跟领导真诚道歉，并在之后更加努力工作。

承认自己的能力有限。当一件事超出你的个人能力而不得不放弃时，要接受自己能力有限的事实。例如你想帮领导找回面子，帮他拿下一个大客户，但发现自己能力不够，这时就需要接受事实，不必为此继续内疚，毕竟你已经尽力去弥补过失了。

吸取教训，避免再犯同样的错误，也就避免了再次陷入同样境况的内疚之中。

一吐为快。内疚往往是私人化的，所以要及时倾诉，把你的想法一吐为快。当然，找到一个理想的倾听者很重要，如果没有合适的人选，可以考虑去做心理咨询。

你可能会变得悲伤

法国20世纪的文学巨匠罗曼·罗兰曾说："悲伤使人格外敏感。"然而对于大部分的高敏感者来说，现实却是：敏感使人格外悲伤。

来访者雯雯说："从小时候开始，总是有一种无法抑制的强烈的高度压抑的感受一直伴随着我，遇到点儿事总会忍不住怀疑自己做得不够好，这样的想法无法抑制，又令我感到悲痛。"

你是否有像雯雯一样的经历，总是怀疑自己做得不够好，情商很低，抑或是哪句话说错了，变得讨厌自己、焦虑、悲伤？

很多时候，我们总是容易被自己的敏感牵绊，怜悯自己。比如，我问一些来访者，看着你小时候的自己，你会想到什么或感受到什么，他们的回答往往是："我为自己感到难过！"

这时，我就会试着引导他们，把悲伤表达出来。

当雯雯开始诚实面对自己的感受，而不是陷入自我抱怨和不满中，也就开始不再过分感到伤感了。慢慢地，她开始愿意试着将感受和内在伤痛连接，能够同情自己、拥抱自己或安抚自己时，她的内心开始变得温柔有力起来，这时的她开始哭泣，开始为自己错过了太多关爱和委屈而哭泣。

她开始理解自己的不容易，也试着与自己的过去和解。多年以来，她第一次觉得自己并没有那么讨厌。

生活就是这样，当你固守着一个不会令自己幸福的执念时，不如放下，允许按自己的节奏前进，不用时刻拿鞭子抽赶自己，用轻松戏谑的方式做好一件严肃认真的事情，才是高级智慧。

高敏感者的悲伤还有很多不为人知的一面。福加斯是澳大利亚新南威尔士州大学的一名心理学教授，他和他的团队多次在有关悲伤的实验中证明：消极情绪可以降低人们仅凭成见就对少数群体做出负面反应的可能性。为什么会出现这种现象呢？通过进一步研究，福加斯发现，人们的情绪可以从根本上改变大脑处理问题的方式。比如人在快乐的时候，更容易依赖自己的经验和知识——比如成见，以此作为决定某事的动因；而感到悲伤的人则不同，他们更有客观判断性，因为他们会优先关注外部世界的新信息，心理学家把这类思维称为“适应性”思维。

也有的研究者通过看喜剧片或者某人死于疾病的短片，让参与者分别产生快乐或者悲伤的情绪，然后请这些参与者写下自己对某事的观点论述。实验目的是改变他人对争议问题的看法，信服他们的观点。

经过多次实验发现，处在悲伤体验的人相较快乐情绪的人而言，他们写出来的观点更全面，也更具有说服力。

大脑自有其运行的规律，不要人为地认为悲伤是坏情绪，因为你的多愁善感，你能更好地和对方共情，因为你对悲伤的敏感，你可以在这个时候有更多的想法，在参与某件事情时，从所有的竞争者中脱颖而出。

那么，高敏感人群应该如何面对悲伤情绪呢？首先需要了解悲伤的五个阶段，这是美国心理学家伊丽莎白·库伯勒-罗斯在《论死亡与临终》一书中提出的：

第一阶段：否认

第二阶段：愤怒

第三阶段：协商

第四阶段：沮丧

第五阶段：接受

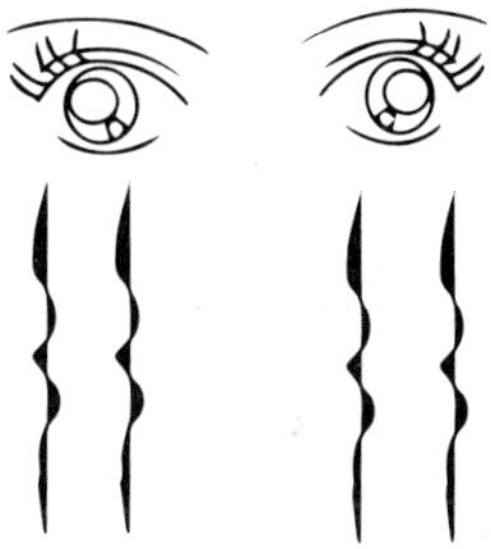

第一阶段：否认。拒绝相信，拒绝承认事情已经发生，假装一切都没有变化。

第二阶段：愤怒。经历过否认的阶段，开始出现愤怒情绪，迁怒于他人甚至自己，这一阶段需要尽快找到合理的发泄方式，避免进一步恶化。

第三阶段：协商。通过协商（讨价还价）的方式，希望一切能够回到之前的样子，所以跟自己的信仰讨价还价，或者跟已经离开的人协商。

第四阶段：沮丧。这一阶段也是最难熬的，有些人甚至会想到自杀。强烈的无助、疲倦、痛苦、自我怜悯……人生似乎一片灰暗。

第五阶段：接受。你终于意识到生活还要继续，你已经可以接受事实，并准备开始新的人生阶段。

接下来，介绍两种方法，当你悲伤的时候，可以选择适合自己的方法：

哭吧，孩子。悲伤的时候，谁又不是个孩子呢？难过的时候，就像个孩子一样放肆地哭出来吧。多项研究表明，哭泣是身体有效的缓解机制，能够有效排出人体内的毒素，并把痛苦情绪传递给外部环境。同时，哭泣还会得到更多人的关心。

运动排毒。研究人员进行过一项为期 10 周的心理学实验，分为运动组与不运动组。结果显示，运动组的人更有活力，态度更积极，同时心态也更好。当悲伤的时候，运动有助于集中注意力，例如人们会将精力投入所从事的运动项目中，从而更好地从悲伤事件中抽离出来。

上面两种方法是比较有效果的，如果对你来说太难，还有更简单的方法：

◉ 微笑

◉ 听音乐

◉ 洗热水澡

这些方法都是经相关心理学研究过的，例如：微笑，即便是难过的时候也要笑一笑，能够有效缓解不良情绪，如果总是皱眉头，情绪可能会更坏；听音乐需要注意，选择轻松欢快的乐曲，不要听悲伤的音乐就行；洗澡就更简单了，去洗浴中心好好泡一泡，蒸蒸桑拿，研究表明，温暖可以让人感觉很舒服。

你可能会变得愤怒

愤怒的人往往是有力量的，这种力量被禁锢后以能量聚集爆发的方式表现出来。从心理学来讲，愤怒之下，其背后往往隐藏着许多的期待和愿望。

谈及愤怒，我总会引用一个孩子给妈妈剥橘子的案例，这个案例是多年前一位年轻妈妈的亲身经历。

> 田田是一个特别懂得体恤父母的孩子，在很多场合，妈妈都会表扬他乖巧、懂事。比如，田田每次犯错都会讨好妈妈，也会主动做家务、剥橘子来将功折罪，妈妈看到儿子这么懂得改正，从没有怪过他。
>
> 但有一次田田偷玩手机，还把妈妈的手机摔坏了。这次他又赶紧给妈妈剥了个橘子，希

望能息事宁人，想不到的是妈妈不肯原谅他，田田进而变得暴怒起来，把手中的橘子重重地摔在地上。

从田田身上，我们不难看出，他的愤怒其实往往隐藏着一种愿望——期待妈妈的原谅。然而事与愿违，无能为力时内心便用愤怒来抗争，它暴露了我们内心深处想要改变别人或控制局面的需要。

人们在愤怒时通常有如下变化：面红耳赤、毛发直立、眼睛瞪大、肢体有力、冲动难耐，在这样的行为下常常做出破坏性的选择，因此经常被人们称为阿喀琉斯之踵。

阿喀琉斯之踵，在这里引申为致命的弱点、要害。

从心理学角度来看，这与早年关系中母亲的忽略有关，如果作为家长没有能力积极回应孩子，或经常让孩子体验到被忽略，那么关于愤怒情绪的敏感性可能就会因此保留下来。

这样敏感的情绪进而会泛化到人际交往中，情绪敏感，阴晴不定，左右摇摆，进而便容易出现愤怒情绪。

当朋友顺你意时，你会觉得很好，这就如同早年好妈妈的那个角色，一旦不是这样，感到自身受到忽视，便会割裂你们的情感关系，这样的转变可能连 0.1 秒都用不了，它是一种早年情结。

早年情结，心理学术语，指的是一种重要的无意识组合，或是潜藏在内的心理状态中强烈而无意识的冲动。

那么，高敏感人群应该如何面对自己的愤怒呢?

首先，要了解自己的愤怒，找到自己身上愤怒的情绪按钮，就像工兵拆雷一样，你必须小心翼翼，精准定位，然后找到引线，把它剪断或撤退到安全区引爆即可。

像工兵排雷一样，整个过程并不简单，甚至有些惊心动魄。找到引线的过程，应该是从愤怒情绪的表象深挖的过程，以找到情绪背后的期待和需求，想办法把“我应该做的”变成“我希望做的”。比如，我希望我可以做好一件事，但同时我又能明确，事情的发展有可能不完全尽如人意，那我唯一能做到的就是事前尽力、事后不评判，同时也允许接纳其他结果。

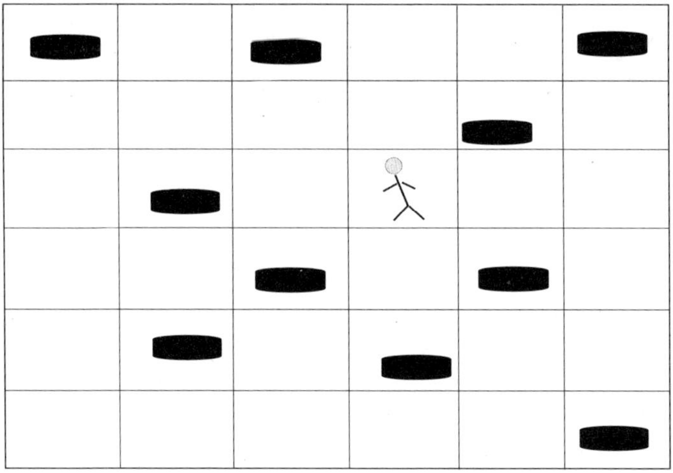

愤怒时，我们该如何走出雷区呢？

其次，遇到愤怒情境时，可以选择迅速抽身离开，让自己冷静下来。由于高敏感者的特点，与其陷入愤怒的境地，还不如赶紧抽身。

最后，高敏感人群还可以发挥自己的共情能力。很多时候，人们之所以发怒，是为了保护自己，愤怒情绪之下往往隐藏着其他脆弱的情感。所以，如果是因为冲突导致的愤怒情绪，高敏感者还可以利用自己的优势，发现对方隐藏的真实情绪。通过共情，可以了解对方哪些需求没有得到满足，从而更好地应对冲突与愤怒。

除此之外，还有下面这些方法值得尝试：

- 运动
- 冥想
- 瑜伽
- 深呼吸
- 听轻音乐
- 书写，然后撕碎它

◉ 解压玩具

你可能会变得恐惧

高敏感者的恐惧往往是一种防御机制，就像一个人站到高处时会恐惧，这时防御机制会提醒你要远离危险。从这个角度讲，高敏感者感到恐惧时，做事就会变得中规中矩、慎之又慎，一般不会遇到大的危险。

无知者才无畏，遇事从未感到害怕的人，反而是有害的。但是过于敏感害怕，也会带来困扰。可以想象，你在工作时，总有警报在大脑里来回拉响，还怎么专注于工作？

高敏感人群中比较常见的，是对亲密关系的恐惧。有一位来访者小振，他和女友从高中毕业开始恋爱，在一起有 3 年多了，但是他在关系中特别容易敏感、多疑，他经常会要求女友及时汇报和异性有关的所有事。

每次他疑心病上来，就会拨通视频，表现出关心女友的样子，但实际上是在监视她的一举一动；有时候他的咄咄逼人甚至会惹哭女友。现在他在考公务员，一再向女友承诺2年内完成公务员考试后就向她求婚，但发现女友开始犹豫了，说自己太累，想冷静一段时间，不想谈感情。现在的他，又开始害怕万一女友有了新欢怎么办。

其实我们不难从这个案例看出，小振这样的担心很常见，很多人在谈恋爱的时期都曾出现过。我告诉小振，他的问题并不是与谁谈恋爱，而是跟“你是谁”有很大关系。

《生命中不能承受之轻》中写道：“萨宾娜认为，生活在真实之中，既不对我们自己也不对别人撒谎，只有远离人群才有可能。萨宾娜看不起文学，文学作者老是泄露他们自己或他们朋友内心的种种隐秘。萨宾娜以为，一个放弃了自我隐秘的人就等于丧失了一切，而一个自由且自愿放弃它的人必是一个魔鬼。”

与小振的案例不同，书中的萨宾娜害怕有深度、有质量的稳定的亲密关系，看似她在拒绝亲密关系，实则拒绝的是自己的恐惧情绪。

但无论是萨宾娜还是小振，他们的内在恐惧是有相似性的，比如对关系不牢靠或匮乏的恐惧。有时候，在潜意识中，关系的匮乏可能象征了死亡，而关系的丰富则象征了生机。

我们的关系模式是与早年父母的生养有着千丝万缕的联系的，与父母的关系成为关系模式的母版，我们与外界、他人尤其是与亲密伴侣的关系，往往受其影响深远。

父母是无法选择的，某种意义上你爱的人好像也是这样。因为你慢慢会发现，在乎与控制就像孪生姐妹，你越是在乎，就越想控制，进而产生对失控的恐惧。不经意间，关系慢慢已经发展到了你无能为力的地步。

想要改变，必须修复与父母的关系，与原生家庭和解，接受自己过去不是一个能量高涨的人、不喜欢肤浅对话的事实。但是也不必完全让恐惧发声，代替你真正的感受和选择，使自己变得无力。

事实上，在亲密关系方面，你无法一个人修得圆满。所以，你必须学会倾听所爱之人的心声，至少学会理解和接受自己可能存在着某些恐惧，而不是被它牵制，并想办法获得对方的理解、原谅，然后你和他才能拥有一个彼此愉悦、相互珍惜的亲密关系。

另外，曾经的创伤也需要重视，修复创伤，与原生家庭和解等，才能让你的亲密关系更加美好。记住，在纯粹的个人领域，你无法达成目的，这或许是最重要的生命真谛。

除了亲密关系之外，高敏感人群应该如何面对恐惧呢?

设计一张恐惧清单

将你害怕、担心的事都写出来，然后具体分析。

恐惧清单

恐惧表象（事件）	
自我分析（为什么会害怕？）	
真实感受	
预防与避免	
如何补救	

写恐惧日记

将自己害怕的事写进日记里，通过书写实现情绪的宣泄，最重要的是记录自己战胜恐惧的经验、方法、感受，这会增加自己的信心，让自己更有安全感。

恐惧日记

具体经历
战胜恐惧的经验、方法、感受

利用剥洋葱法处理恐惧

剥洋葱是一种目标分解法，意思是将大目标分解成小目标，再将小目标分解成更小的目标，一直分解下去，直到明确当下该做些什么。我们可以将这一方法运用到处理恐惧方面，也就是将你的恐惧分层，一层一层剥离。以下是具体方法：

如图所示，将自己最害怕、最想克服的困难写在最里面一层，然后从最外层开始，为了实现这个终极目标，你准备付出哪些行动，将最容易的第一步写在最外层，然后每一层增加一个难度等级。

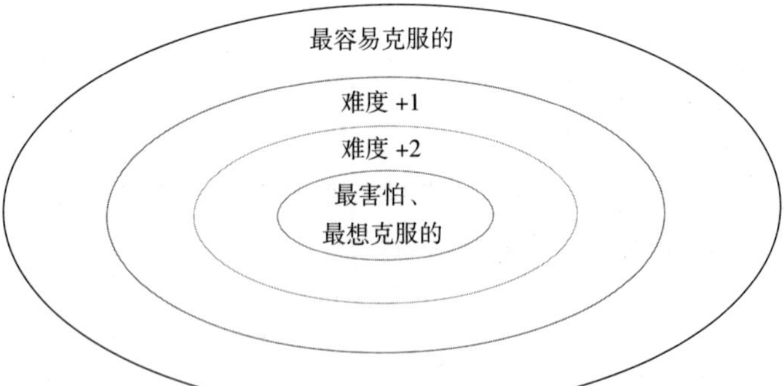

举个例子，如果你对人际交往感到恐惧，那么这就是你的核心恐惧，也是最想解决的问题，写在最里面一层。接下来从最外层开始，为了克服人际交往障碍，你需要迈出第一步，那么可以先从打招呼开始；第二步可以选择你擅长的领域进行交流，然后一层一层剥洋葱，直到解决核心问题。

你可能会变得多愁善感

美国心理学家兼研究者伊莱恩·艾伦在调研了数千名北美人后，总结了高敏感者的特质：尽责、创造、上进、易受影响、共情、有着敏锐的感觉和脆弱的神经系统。

正因为有这样的特点，他们才会变得比较容易遇到问题和麻烦，害羞、低自尊、内向、容易疲惫、多愁善感……

在咨询室中，我接待的许多高敏感者，有很多因为无法破除自己的多愁善感而一直处于单身状态。

王慧是南京的一位女青年，在刚进入职场的时候，她们单位就有很多单身女孩。她在这里仿佛找到了同类，特别有归属感，再加上她年龄还不大，更加不急着脱单了。

但几年过去了，当年单身的姐妹们要么跳槽了，要么有对象了，小王逐渐成了年龄最大的一个。这下压力来了，于是开始焦急关注这方面，和别人的比较心理也越来越重。

下班了，别的姑娘有男朋友接，她没有，情绪瞬间就变得特别低落，虽然还是一个人默默走进地铁站，但此时的她感觉双腿像灌了铅一样沉重。

身边人都说："是不是你太优秀了、眼光高，所以一直没谈男朋友？"

她说："我对未来的另一半没有太多标准上的要求，但是试着谈一下吧，总是敏感多疑，觉得自己各种不够好，还不如一个人轻松舒服。"

无论在处理工作上，还是处理情感方面，他们永远清楚地知道自己想要的是什么，但有时又会陷入自我逃避的误区，像小王这样的人大有人在。

我在大学刚毕业、工作未稳定时，喜欢上一位学中医的女博士。我们同为心理咨询师课程班的同学，当时心心念的就是如何俘获她的芳心，但自己瞻前顾后，自卑心作祟，没有进一步升级彼此的关系。

最后一次见她，是在2010年深秋，天空淅淅沥沥地下着冰冷的雨，我们一起去拿国家二级心理咨询师证书，她说这是我们最后一次约会了。我拿着证书，举着伞走在北京的街头，不知不觉，雨已经变成了雪，万念俱灰的失恋情绪笼罩着我。

我们经常说化悲痛为力量，有时候你的软肋，也是你最坚强的盔甲，只要坚定地往前，你会发现，目光所及之处，皆是暖阳。因为自身的高敏感特点，我虽然失去了一些东西，但也帮我坚定了人生的方向，心理咨询师这条路就是最正确的选择。

正是高敏感者异于常人的感知能力，使得他们更容易找到属于自己的人生方向，仅凭这一点，就十分有助于开启适合自己的美好人生。

不过，对多愁善感的高敏感者来说，还是很有必要克服自己在性格方面的劣势的，可以参考下面的方法：

很多高敏感者在独处的时候喜欢胡思乱想，如果你也属于这种情况，就要尽量减少独处的机会。约上朋友出去转转，甚至是拜访客户，总之，有意避开独处的环境。

找到志同道合的人，说出心里的问题。在很多美剧中，我们能看到互助会的场景，国内虽然并不流行，但通过网络还是很容易找到志同道合者的，由于更容易理解彼此，所以跟他们分享心里的问题往往更有效。

多与性格开朗、积极主动的人交往，多参加各种聚会。积极主动的人往往具有乐观的性格，他们也愿意担任组织者的角色，所以当有人邀请你的时候，千万不要拒绝，即便你可能不喜欢这类场合，但是为了克服多愁善感的性格劣势，硬着头皮也要去。

第五章 Chapter 5

停止内耗，其实你不用想太多

过度沉思：你所担心的事大概率不会发生

有一位来访者，总是过度担忧，沉思自己在各种关系中的那些“不应该”，不断给自己施压，让自己总是处在一种很委屈的矛盾情绪里。

人们在生活中经常担忧一些事情，属于正常心理。但因为过度担心而引发焦虑，这样的情况就需要引起足够的重视了。

过度将自己困在问题里，反而会减少使用有效资源改变、解决问题的机会，结局大概率会成为你不希望看到的样子。就如同墨菲定律，事情往往会朝着你所设想的不好的方向发展。如果经常陷入这样的沉思，没有及时适应、改善和调整，是非常有害的。

比如2020年新冠病毒的肆虐，让我们的生活和工作都受到了较为严重的影响，人们的确体会到了极度担忧的情绪。但我们可以听从专家的意见，勤洗手、出门戴口罩、保持社交距离等，这些都很好地阻断了病毒传播和患病的可能。

当担忧过多时，由于内耗巨大，我们的躯体也会发生一些微妙的变化：无法集中注意力，肌肉紧绷及酸痛，烦躁不安，无法休息，容易感到身体疲惫。

过度的担心，往往就像是一连串思想和画面的锁链，它会禁锢你的能量，不断地失控，让事情无法往好的方向发展，而是朝着糟糕的方向发展。

随着互联网的普及，每一天我们都会接触到大量信息，对于高敏感者来说，很容易受此影响，触发他们的担忧和焦虑。

在高敏感者眼中，任何事物都可能引发担忧情绪。即使一切顺利，他们还会想：万一发生什么不测怎么办？心理学家把这样的担忧称为假想担忧，他们往往容易出现在如下情境中：

> 模棱两可、含糊不明的情况——无法定论的不确定性很容易触发感受。
>
> 始料未及、前所未见的情况——无法预见或使用过去的经验应对问题。
>
> 复杂多变、无法掌控的情况——事情发展到哪一步是充满变数的，搞不清楚。

心理学家通常会将担忧分成两类："真实担忧"和"假想担忧"。

真实担忧：把遇到的现实问题人为放大了。比如肚子痛去医院看病，查出来有肠炎，需要住院几天，你开始担心病情恶化，担心家里的老人、孩子没人照顾，担心工作无法按时完成。

假想担忧：让一些没有发生的事或现在不可能发生的事影响自己，总是被一些糟糕至极的念头弄得很不舒服。比如，老板找你谈工作，你会想到万一哪句话说错了被痛骂一顿，甚至被辞退。

担忧有好有坏。正常的担忧可以起到未雨绸缪的作用，过度的担忧则会让你的情绪受到很大影响。

真实担忧	假想担忧
人为放大遇到的问题	目前不存在，未来可能发生
什么，胃炎！ 什么，住院！ 我没时间！公司怎么办？员工怎么办？客户怎么办？ …… 别聊了，赶紧把菜上了！	什么，老板找我谈话？ 难道我犯错了？ 不会像上次一样又把我臭骂一顿吧？ 这次不会更严重，直接把我开除吧？ 我还得还房贷呢，丢了工作银行不会把我的房子收走吧？

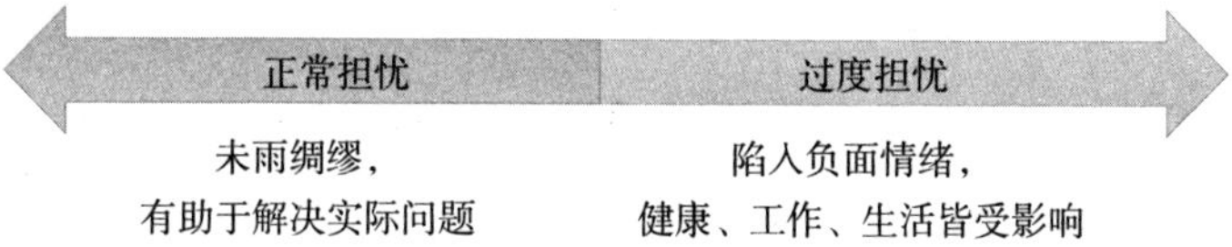

好的担忧会让你提前做好计划，练习适应困难或采取有效措施应对问题。但如果担忧加剧，我们开始深陷困境、无力解决时，这种担忧就变成了阻碍，使你无法获得自己想要的生活，它就逐渐变成了一个问题。这时你可能需要采取一些措施来应对它：

保证良好的生活作息

无论事情多么糟糕，至少我们还可以安然入睡。平衡好日常生活，保持活力，不要因某一个问题而放弃生活中其他的喜悦感、成就感以及亲密感。

练习放下忧虑

练习辨认“真实担忧”和“假想担忧”。慢慢察觉自己身上的担忧，学会放下它，想办法让自己保持专注力，有效地处理问题，把注意力放在有意义的事情上，而不是无畏地挣扎。

练习延缓担忧

对于解决不好的事，要允许暂缓解决。比如睡前对某事感到忧虑，可以在睡前5分钟不去想它，等醒来后再去考虑。

练习正念

正念的练习和学习，专注于轻微的呼吸动作，或者聆听周围的声音，都是很有效的“锚”，可以帮我们增强自己的能量，专注当下。

克服预期焦虑：用计划杀死不安

很多人因为预期焦虑而不安，这种情况可以通过制订切实可行的计划来降低不安。00后如今已经20多岁了，90后也已经步入而立之年，作为一名高敏感者，2021年我就36岁了，身边许多同龄人都不禁感慨人到中年。

面对一年又一年的时光飞逝，人们都不可避免地产生了年龄焦虑，尤其是高敏感者在这方面的感受更加强烈。

时不我待的预期焦虑，这可能源于我们一些普世的价值观。所谓预期焦虑，顾名思义，指的是对不可预知的未来的一种担忧。对自己的期望值很高，却永远无法得到满足，于是就产生了焦虑不安的心理。

一寸光阴一寸金，寸金难买寸光阴。从小我们就被教育要珍惜时间……可日子一天一天地过去，眨眼间又过了一年，发现自己还是有很多事没有做好。

少年时，总觉得时光过得太慢。成年后，却又后悔当初没有珍惜时光，青春一去不复返！

终于熬过十几年的寒窗苦读，到大学了，发现 20 多岁也有许多所谓的人生目标在等着你实现。

20 ~ 23 岁，大学时光，风华正茂，要谈一场轰轰烈烈的校园爱情才不负时光。

24 ~ 27 岁，等积累够了一定的工作经验，总想着完成跳跃式发展，跳一次槽或创一次业，这样人生才算圆满。

28 ~ 30 岁，你要工作稳定，车房全有，为组建自己的家庭做好准备，不然就落伍了。

30 ~ 35 岁，胚胎计划，有老有小，家庭责任驱使你要拼进事业的下一个阶段，努力实现家庭的二次造富。

如此人生，年龄焦虑能避免吗？每个阶段的人生任务摆在眼前，无形间增加了我们的焦虑，让我们无法直视那个逐年增加的数字。

不管你愿不愿意，特定年龄排列下来的特定任务，已经悉数列在你面前，这些应该完成的任务，绕在耳边，嗡嗡作响，怎能让人不焦虑呢？

记得2017年时，我已经成了大龄单身男，同年刚刚和小我十岁的女友分手。全家人都为我的婚事愁眉不展，要知道在农村像我这个年纪还没有结婚已经是怪象了，同龄人的孩子都已经过了打酱油的年纪。

父母最大的心愿就是让我赶紧成家，情急处也难免说了许多丑话，他们的着急我看在眼里、急在心上。我曾语重心长地告诉他们：结婚不结婚的，我们都应该过好现在的生活，不要因为你儿子没有结婚就把自己整得跟犯了罪似的，犯不着这么难受。

假如我有一天结婚了，你们回头看看这样的状态，值得吗？如何在当下过得舒坦才是最重要的。不知道父母当时听进去了多少，但是我把这些话说出来之后，反正自己的内心坦然多了。

一年后，我通过自己亲手发起的适婚男女相亲平台，认识了如今的妻子，到现在结婚两年多，也有了一个可爱的宝宝。如今父母开始带娃，每天都很高兴。

总之，不要让那些约定俗成的标准害了你，那是预期焦虑在作祟，生活不是“让别人看上去过得很好”，而是“遵循自己内心的召唤与坦然”。

我们都要尊重不同个体的差异，即便是同卵双生子，其人生轨迹都不尽相同。何必苦苦为难自己呢？由此可见，不媚俗所谓的“大众标准”才是正道。

此外，给大家介绍一个制定目标、避免焦虑的小技巧：SMART 原则。它是由管理学大师彼得·德鲁克于 1954 年提出的，在解除焦虑方面非常有实效性。

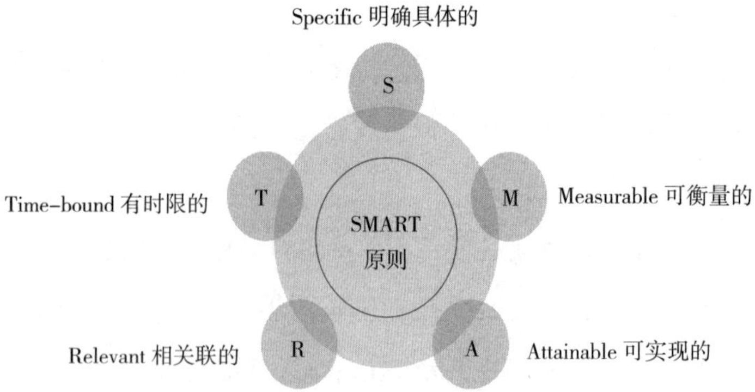

首先，我们先简单介绍下“SMART 原则”，不难看出，它是由 5 个英文单词的首字母缩写组成的，即 S=Specific（具体性）、M=Measurable（衡量性）、A=Attainable（可实现性）、R=Relevant（相关性）、T=Time-bound（时限性）。

SMART 原则的具体内容如下：

（1）Specific：清晰、明确且具体，不能模棱两可。

错误：我要学英语。

正确：我要通过英语四级考试。

（2）Measurable：可量化、可监测。

错误：我要减肥。

正确：三个月内我要瘦 10 斤。

（3）Attainable：通过努力可以实现。

错误：这周上线一个能干掉微信的 App。

正确：今天写一个 Java 的 Hello World 程序。

（4）Relevant：与人生目标有关联性。

例子：明年考到 AWS 证书，与工作相关性大。

（5）Time-bound：有时间限制，有最终期限。

错误：我要读10本书。

正确：我在2021年要读10本书。

如果说预期焦虑是在特定时间段完成特定的任务而焦虑，那么，制订切实可行的计划，可以有效降低不安。其实，在远古时代，预期焦虑就已经存在，它起源于对各种意外带来的伤痛、疾病和死亡的记忆，这样的记忆转换而来的情绪体验，往往是人类高度的智力和情感能力的表现。

适度焦虑：接纳让你痛苦的人和事

焦虑是永远存在的，人人都有焦虑。但有些焦虑会转化为我们前进的动力，有些焦虑则会变成我们生活中的障碍。

心理学家耶克斯和多德森通过研究发现，动机强度

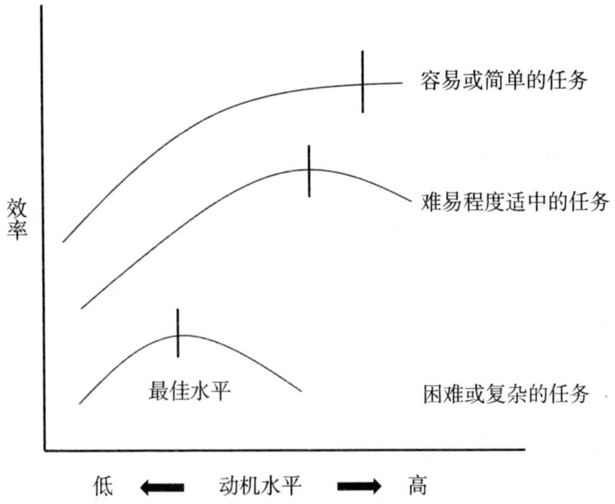

与工作效率之间是一种倒 U 形曲线的关系，中等强度的动机最有利于任务的完成。也就是说，动机强度处于中等水平时，工作效率最高，一旦动机强度超过了这个水平，对行为反而会产生一定的阻碍作用。

该理论就是著名的耶克斯-多德森定律，用来描述焦虑就是：中等程度的焦虑往往能获得最佳的学习效果。

基本结论：动机强度（焦虑水平）与工作效率之间不是线性关系，而是呈倒 U 形的线性关系。

动机强度过低或过高都会影响学习效率。低焦虑时，动机不够，往往使工作无法开展；焦虑过高，往往也会由于紧张、记忆干扰、思维无序等问题而让学习效率降下来。很显然，那些拥有中等焦虑的人，往往是那些可以灵活调整自己的动机强度的人，他们往往能够取得较好的成绩，效率最佳。

对我们来说，学会和焦虑相处，并让它保持在相对适宜的水平尤其重要。

压力就是动力，在一定的情况下是成立的。然而，有的焦虑超出了一般水平，让我们无法有效地做事。

晓曼的生母原来竟是自己的小姨，这件事是在她结婚后的一次家庭聚会上得知的。她其实从小就感觉妈妈对她和哥哥区别对待，一度让她怀疑过自己不是亲生的，但她总会安慰自己，也许妈妈只是重男轻女吧。

但真的等晓曼得知真相后，反而变得很慌，

焦虑让她无处遁形。她无法面对妈妈——这个养了她25年的女人。她的心事无处讲、无人诉，都埋在心里一个人消化。

晓曼想起小时候妈妈经常拿她当出气筒，这个很不公平但又清晰的事实，又有了新的版本，她不是妈妈亲生的女儿，脑海里一幕幕像电影一样浮现在她眼前，原生家庭的伤害让她无法原谅、无法释怀。

真是造化弄人，她开始变得越来越像母亲，越是克制自己不要这样，越是像得了被害妄想症一样，活在焦虑、恐慌之中，觉得身边的人都不可信，都有可能伤害她。

那些无法接纳的人和事，像影子一样跟随着她，无法享受婚后生活。她需要修复的是早年在原生家庭中受伤的心灵，告诉那时的自己，父母说的不全是对的，评价是不客观的，只有自己才可以定义自己。

在《练习的心态》这本书里有一句话：你的绝大多数焦虑，其实都源于你对未知的过度恐慌。

一点没错，与其抱残守缺，不如把目光聚焦在当下的生活，经营好现在的家庭，就像有些人过度担心未来的疾病或衰老，心态反而受到影响。不如从现在起，做好防护，作息规律，那些糟心事才不容易发生。

焦虑的时候要允许它的发生，它是来提醒你一些道理的。如果你懂得自我保护，警惕危险，能够规避未来的风险，那么焦虑就是使你前进的动力；反之，如果这样的焦虑太多，影响了你的生活，这时你可以适当地告诉它："焦虑，感谢你在，提醒我可能遇到的危险，替我担惊受怕，但也请你给我机会，相信我，我有能力处理好事情，此刻的我是安全的。如果有需要我会邀请你的，我先尝试一下自己解决。"

无论怎样，要回你生命的主导权，活出自我才是你来到这个世界的使命。

直面冲突：既然坏事已发生，就勇敢面对

人生中总有一些糟糕的事注定要发生，既然躲不掉，就要学会积极面对。

多年的心理咨询生涯中，我发现一个特别有共性的话题。很多来访者在生活、工作中经常在不遗余力地避免冲突的发生。

在他们的概念里，仿佛冲突就意味着灾难，这样的想法，彼时的我也曾经深有体会。父母在儿时经常告诫我，打架是不对的。好像无论在什么情况下，都不能打架。

但随着成长，你会发现，有些冲突根本就是无法避免的，是躲不掉的。那种“不管谁的错都是我的错”的执念，会让我产生深深的挫败感。

在这样的时候，你的利益受到损害不敢维护，害怕和人起冲突的观念将你困住，只能不断压抑自己的情绪，将所有憋屈、难受一个人吞咽。你无法向任何人表达，这毕竟是一件难以启齿的事。不被看到和允许的情绪就会慢慢地形成症状，以问题的形式表现出来。

前面也介绍过类似的来访者，他们在冲突来临之前，脑补各种场面，最后的结果是冲突还没来或不一定会来，但他们已经经历了无数次到来时的感受了。

其实，害怕冲突的人内心仿佛有一个关于冲突的假定：只要我提出不同的想法或表现出稍许不敬，就一定会引发冲突。

它或许是很多人恐惧冲突的来源。关于这种假定的形成，通过之前的案例可以总结为以下几种：

父母严厉，违抗他们的命令意味着会招来一顿责骂；

教师教条，对成绩好的同学和成绩不好的

同学区别对待，受过师长的责罚；

常常对别人的评价过分在意，对关系的结束充满愧疚或畏惧，所以总是委曲求全。

如果以上都选是，你可能就存在为了避免冲突殚精竭虑、最后疲于应对的情况。

面对这样的冲突，你想要改变，必须要做出不一样的尝试，用新的行为检验假定，试着让它有所松动。通常的方法是找一个信任的人，比如选择一位心理咨询师或关系很铁的朋友（以确保你不会失去这段关系），大声表达你的真实想法，也就是说，把让你为了避免冲突而刻意压制的那个真实想法讲出来。

接下来，可以试着写下你的感受，对比一下不同选择的差异，如果按你之前预期的方向，会是怎样的？真实的结果又是怎样的？你会发现，原来想象出来的糟糕情况大概率不会发生。

其实，只要你勇敢地迈出第一步，很容易打破之前的灾难性想法，但第一步往往很不容易。你也可以试着分步骤实现它。比如，第一步，先练习不要害怕的脱敏训练，等积攒够了力量再往下一步进行，去改变自己以往的做法；第二步，你可能需要练习提高音量，最后再试着大胆讲出自己的想法。

最重要的是要学会直面问题，否则很容易陷入越逃避越恐惧的怪圈！

当你勇敢地走出避免冲突的强迫性重复模式，你会发现好的一面——矛盾呈现出来，才更容易接近解决，它要比憋在心里好得多，不然双方都只是维持着表面的和谐。

在我的概念里，对高敏感者来说，可以为某事吵上一架，哪怕面红耳赤也好，都要比表面的和谐好得多。因为，对中规中矩的你我来说，在认知上必须明白，学会任性就是成长。当然，那些任性惯了的人则不同，他们需要学着克制、收敛自己的行为。

总之，解决冲突最好的方法就是直面冲突。有时候，

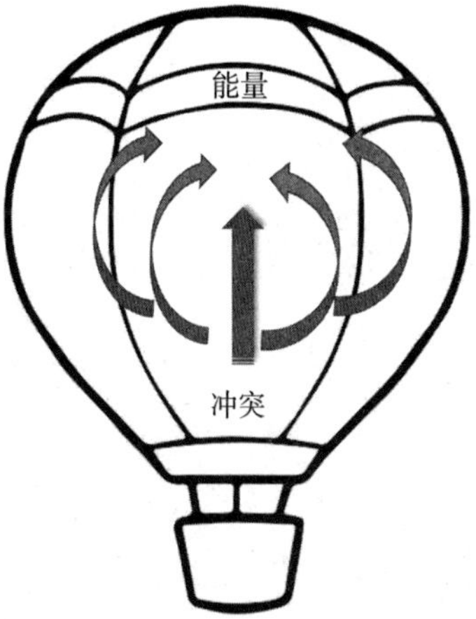

你需要有一定的魄力，不然就容易被害怕所累。

冲突也是一种能量源，所以不要害怕冲突。接下来，再讲几种直面冲突的技巧，这些方法没有最好与最坏之分，找到适合自己的方法最重要：

打开约哈里之窗，学会自我暴露。现在的人们在交往过程中习惯戴着面具，尤其是高敏感者，这样的确可以起到自我保护的作用，然而随着情绪压抑程度的增加，焦虑也会增加，自己也越来越不舒服。当情绪来到临界

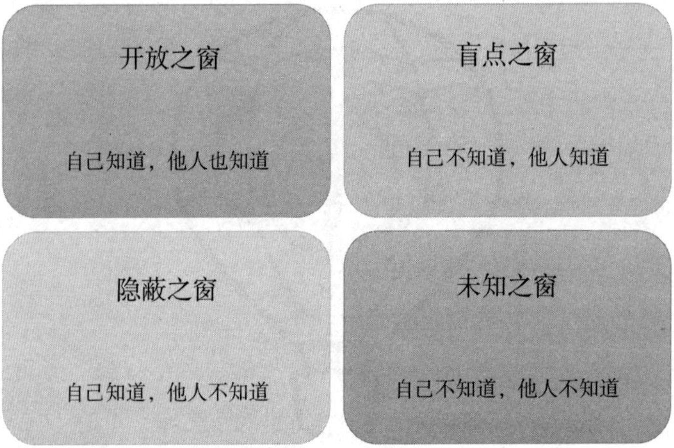

约哈里之窗

点的时候，就会直接爆发。

对于高敏感者来说，不要试图避免冲突，而是要看作一个自我暴露的契机，借此机会打开约哈里之窗。

根据约哈里之窗理论，自我暴露程度越高，交往的层次也就越深。当冲突发生时，打开约哈里之窗，说出内心真实的想法，你会遇到两种情况：

第一，对方与你不是一路人，那么吵一架之后就此分道扬镳，对彼此都没有什么损失。

第二，争吵之后发现双方有更多的相似之处，反而进一步增进了关系。对于高敏感人群来说，能够找到知己绝对算是一件很幸运的事。

避免基本归因错误。领导这几天总是催你加快工作进度，你觉得可能是前几天得罪他了，他故意找茬儿，其实是因为老板在催这个项目。习惯性猜测是高敏感者的一大特点，所以针对这种情况，一定要多沟通，弄清真正的缘由。

冲突不可怕，其目的一定是解决问题，实现双方的共同目标，而不是发泄情绪，所以最终必须以达成共识收尾。如果这个过程不顺利，不如选择搁置。

冲突之后学会主动和解。这一点对高敏感者来说有点困难，既然知道自身的性格特点，当发生冲突之后，就更应该努力引导关系回暖。主动一些，例如主动道歉或者请对方吃个饭。

第六章 Chapter 6

如何与外部世界和谐相处

停止自我批评，永远不要妄自菲薄

子柚是一位中年女访客，她第一次来咨询就给我看了一张照片，上面是女儿写的一些札记，清一色写着自责的话：

今天起床晚了 10 分钟

今天没有阅读语文读本

今天没有专心写数学作业

……

写了一堆自我批评的话：没出息，学习不好，不求上进……好像进行这样的反思，就等于有上进心了。

我问她看了女儿写的有什么感受，妈妈说心情很失落，但同时又很无力，不知道如何引导女儿，让女儿来做心理咨询，她并不配合，所以自己一个人过来了。

从心理学视角，子柚女儿自我对待的方式，最大的可能就是源于家庭。于是，我进一步询问她平时是如何和女儿沟通的。

子柚表示，物质方面会尽力满足女儿，但同时也会给她提要求，但如今都上初中了，女儿学习还是不自觉，这时子柚可能就不耐烦了。

看到她们母女的互动，几乎可以确定女儿这样的自我观念，很可能就源自母亲平时灌输的思想。

父母的批评往往会逐渐内化为自我批评，子柚女儿的自我评价很低以及自卑，很可能与子柚的要求以及不断提醒女儿的缺点有关。

所以，我建议子柚把关注的焦点从女儿转向自身，与其说如何停止女儿心中的自我批评，不如先从自身找原因，考虑如何多给孩子一些认同。

因为生命的第一需求就是被看到，当孩子努力时没有被父母看到，那么她的努力和自我肯定的力量就会消失。所以，当孩子的自责又出现时，当妈妈的必须先从自身做起，进行必要的调整。

举个例子：今天你家孩子又起晚了！

通常你可能会说，怎么回事？懒癌又犯了。赶紧照照镜子，看你这副样子，妈妈就来气，一点精神也没有！

虽然这是孩子身上存在的问题，但这样说可能导致孩子整天都无精打采，没有动力做事，而你则会更加生气，甚至坏情绪蔓延到整个家庭，陷入恶性循环。

如果这时你调整一下思路，看到孩子学习的辛苦，虽然很累，还是挣扎着起床，这一点就非常值得肯定。

其实你发现，这两种表达的言外之意都是在关照孩子，希望他能尽快打起精神，投入当天的学习中。但不同的是，听到第二种表达，孩子可能会更有力量做事，而不是继续沉浸在负面情绪里。

事实上，很多人都有一个误区，他们认为自责等于自励，但要用对时候，对于一些行动力弱且内心敏感的人，这显然是不成立的，很容易让他们从一个极端进入另一个极端，变得越来越妄自菲薄。

什么样的人容易妄自菲薄呢？澳洲有一位成功的企业家，他同时还是 12 本畅销书的作者。谈及他的成就，无论是在投资、企业家管理，还是在全球消费趋势研究等方面，都拥有一定的实力。但是他经常向朋友倾诉自己的苦恼，他骨子里并不认为自己有多优秀，他觉得自己欺骗了大家。这种现象就叫“骗子综合征”或“冒充者综合征”，又被称为自我能力否定倾向，指的是个体按照客观标准评价，已经获得了成功或取得了成就，而本人却认为这是不可能的，他们没有能力取得成功，感觉是在欺骗他人，并且害怕被他人发现的一种现象。

这其实就是妄自菲薄的一种变形，有些人即便日后成功了，但内在的不自信、不接纳会让他们严重地低估自己在某个领域所取得的成就，会把这些归功于偶然或外界因素，所以感觉自己像个骗子，时刻担心被揭穿。

形成这样的心理，主要有两方面原因：一方面从小被寄予厚望，具有完美主义个性；另一方面可能总是被否定、被忽视，得不到认可。这两种成长环境，都会在一个人心中埋下“妄自菲薄”的种子，不自觉地触发有关自我怀疑的联想。

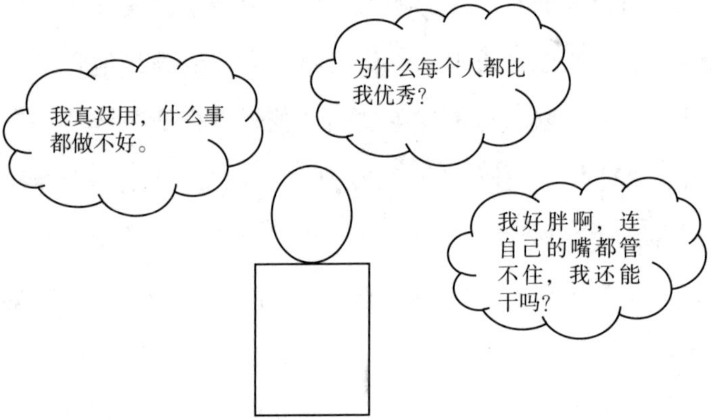

那么，如何才能避免自我批评呢?

1. 想要避免这一点，一定要多与人沟通，活在真实中，去了解自己在别人心中的真实想法，而不是用自己的经验主观性去判断。

2. 尝试用改变代替自责。可以设想一下：30 岁的你正在学习打网球，你挥拍的力量不够，手握球拍的姿势也不正确，这时教练朝你走来告诉你："你应该在心里揍自己 10 下。"

显然你肯定不会认为这是个好办法，所以这也就是为什么要自我改变多于自我批评的原因了。

3. 当然有时候自我批评还是无法避免的，还有一种方法是就事论事，知耻而后勇，让自己做得更好，这时你可以说：虽然我做得不够好，但我不是一个糟糕的人。

4. 把自我批评的内容呈现出来。该方法的目的是让心中批评的声音充分表达出来，具体形式可以通过写出来，也可以通过画出来。坚持一段时间之后进行复盘，总结出自我批评的几项内容，这些就是你的问题。通过该方法，你不仅抒发了心中的抑郁，还找到了真正的问题所在。

自我测试

对于自我批评的行为，有些人可能并没有意识到，如果你也是这样的人，可以通过以下测试进行确认。

1. 我会反复琢磨在工作或学习中犯的错误，甚至为此辗转难眠。

A. 很少这样（1 分）

B. 有时这样（2 分）

C. 经常这样（3 分）

2. 在人际交往中，彼此见面之后，我总是不停回想过程，考虑自己有没有什么地方做得不妥。

A. 很少这样（1 分）

B. 有时这样（2 分）

C. 经常这样（3 分）

3. 在工作中，我经常会琢磨同事们是否在背地里指责、批评我。

A. 很少这样（1 分）

B. 有时这样（2 分）

C. 经常这样（3 分）

4. 工作中我会非常仔细，就怕犯错，被别人说我能力不行。

A. 很少这样（1 分）

B. 有时这样（2 分）

C. 经常这样（3 分）

5. 无论做什么事，我都习惯性地考虑其他人的看法。

A. 很少这样（1 分）

B. 有时这样（2 分）

C. 经常这样（3 分）

6. 每当我完成一个项目，总会反复检查，每次都不满意。

A. 很少这样（1 分）

B. 有时这样（2 分）

C. 经常这样（3 分）

7. 从小我就害怕被人嘲笑。

A. 很少这样（1 分）

B. 有时这样（2 分）

C. 经常这样（3 分）

8. 我希望自己能够像别人一样，拥有漂亮的脸蛋和完美的身材。

A. 很少这样（1 分）

B. 有时这样（2 分）

C. 经常这样（3 分）

9. 从小时候起，自愧不如的想法就一直围绕着我。

A. 很少这样（1 分）

B. 有时这样（2 分）

C. 经常这样（3 分）

10. 每次照镜子，我都会找到各种缺陷、瑕疵。

A. 很少这样（1 分）

B. 有时这样（2 分）

C. 经常这样（3 分）

11. 我觉得自己的衣服都不好看，即便是新买的衣服，穿上之后也会觉得哪里不对劲儿。

A. 很少这样（1 分）

B. 有时这样（2 分）

C. 经常这样（3 分）

12. 我怀疑没有人对我内心的真实想法感兴趣。

A. 很少这样（1 分）

B. 有时这样（2 分）

C. 经常这样（3 分）

13. 我习惯跟别人比较。

A. 很少这样（1 分）

B. 有时这样（2 分）

C. 经常这样（3 分）

14. 无论是工作还是生活中，我总认为别人在对我评头论足。

A. 很少这样（1 分）

B. 有时这样（2 分）

C. 经常这样（3 分）

15. 我担心自己生来就有很多问题，比如各种遗传病。

A. 很少这样（1 分）

B. 有时这样（2 分）

C. 经常这样（3 分）

16. 尽管深思熟虑，但每次做出决定后，我依然会充满疑虑。

A. 很少这样（1 分）

B. 有时这样（2 分）

C. 经常这样（3 分）

17. 拒绝他人会让我感到内疚。

A. 很少这样（1 分）

B. 有时这样（2 分）

C. 经常这样（3 分）

18. 从小到大，我都在尽可能避免冒险。

A. 很少这样（1 分）

B. 有时这样（2 分）

C. 经常这样（3 分）

19. 想到自我成长的时候，我认为自己有很多方面需要改进。

A. 很少这样（1 分）

B. 有时这样（2 分）

C. 经常这样（3 分）

20. 做这些测试题的时候，我担心自己会不如别人。

A. 很少这样（1 分）

B. 有时这样（2 分）

C. 经常这样（3 分）

测试结果：

得分在 40 分以下，分数越低说明内心很少出现“自我批评”的声音。如果分数过低也不好，你可能有些狂妄。

得分在 40 分左右，属于正常范围。

得分在 40 分以上，分数越高说明内心“自我批评”的声音越强烈，那么你可以对照本节的方法予以改进。

从自卑到自信，你需要的只是正确的练习

有一类来访者，总是沉浸在自己的逻辑里，这是非常可怕的，因为他完全没有意识到，正是这样不断被唤起的自卑情绪，让他无法摆脱烦恼，庸人自扰。

来访者小珂在第一次咨询中开门见山地说：我有稳定高薪的工作，也有爱我的老公和温馨的家庭，但是我总有一种赶不走的担忧，害怕开会，害怕当众讲话，害怕失去这一切，在我内心深处总觉得我不配，从很小的时候，自卑感就困扰着我，我也尝试过很多方式去解决，但这样的问题总是时不时地出来骚扰我，难道真的没办法了？

小珂骨子里的自卑，让她无法享受目前拥有的生活，反而每天活在害怕失去的焦虑中。

但比起她的问题，我更想关注的是自卑带给她的努力和改变。从小自卑的她，一路打拼，爬到了如今的位置，目前她拥有的这一切足以说明，她的自卑感其实一直在帮她，不难看出，自卑是她不断进取的动力。

尽管过程很艰辛，有时也会感觉很累，但她俨然已经做得非常不错了。只是她的自卑感太强，让她取得一个目标时，还没有来得及好好享受，就又开始奔往下一站。

从她的描述不难看出，她是一位高管，虽然身居要职，但是不断被提醒和强化的往往是自身不自信的一面，如讲话紧张、口齿不清、容易焦虑等问题。

事实证明，如果一个人反复在你耳边讲你的缺点，你就会逐渐变得没有自信，所以小珂有这样的问题，一点都不足为奇。而这类人群往往会因为害怕而去刻意掩饰自己的问题，问题也就会逐渐严重。

那么，对于高敏感人群，应该如何增加自信心呢?

1. 设置合理目标，累积微小的成功

心理学上有一个最近发展区的理论，它是苏联心理学家维果斯基提出的。他认为学生的发展有两种水平：一种是现有水平，指独立活动时所能达到的解决问题的水平；另一种是可能的发展水平，也就是通过学习所获得的潜力。

无论你是学生还是成人，如果目标过于简单，很容易实现，那么完成目标并不会给你带来成就感，也就是说，并不会增加自信。但如果让你做一件现有能力不及而通过努力可以完成的任务时，你的成就感马上就会增加。

所以，我们应该找到适合的目标，比如小珂想在会议上侃侃而谈，但凭借她现有的能力只会让她更焦虑，这时也许第一步要改变的就是不害怕开会，能够舒服地待在会议室里。

如果能做到这点，相信接下来她会更有自信，尝试去面对一些更难的问题。总之，目标设置要以通过努力能达到为标准。

2. 从兴趣入手，慢慢让自己在擅长的领域找回自信

面对陌生、不确定的环境，人们很容易焦虑：

但如果是熟悉、擅长的领域则不同，人们往往容易在这样的环境中放松下来，自我效能感也能立刻提升。

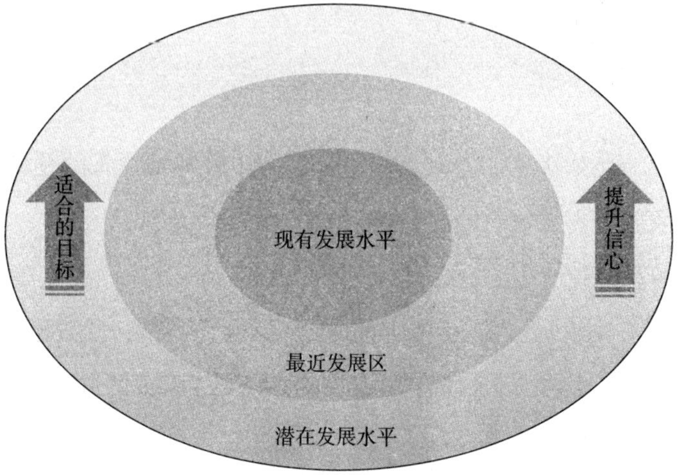

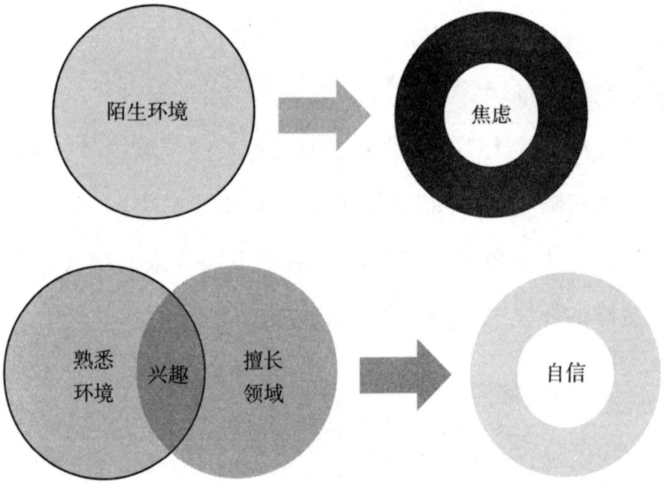

比如小珂的问题，如果在会议中针对她擅长的领域发言，那么她的焦虑感就会降低，并逐渐增加信心。

3. 把所有的经历都当作锤炼

放平心态，人生中所有问题都是为了帮你更好地成长，坦然接受它，今天所有的历练都是为了成为更好的自己。

多去关注和了解自己的内心，知道自己想要什么，当你能找到每件事情的价值所在，并能够用心体会，你就会变得越来越充实、越来越自信。

自我测试

对于自卑心理，如果你还有一些怀疑，可以进行下面的测试。以下 10 道题是最基础的测试题，可以诊断出你的自卑程度。

1. 你对自己的外表满意吗？

A. 满意

B. 不满意

2. 你对自己的身材满意吗？

A. 满意

B. 不满意

3. 你是否认为自己的能力不行？

A. 是

B. 否

4. 你是否认为自己的家境不如别人?

A. 是

B. 否

5. 你觉得自己是一个勇敢的人吗?

A. 是

B. 不是

6. 与别人发生争执时，你总是习惯从自身寻找问题。

A. 是

B. 不是

7. 你是否喜欢自己的性格?

A. 喜欢

B. 不喜欢

8. 你走路时总喜欢低着头吗?

A. 是

B. 不是

9. 你经常被别人挖苦、嘲笑吗?

A. 是

B. 不是

10. 对于自己喜欢的人，从来不敢主动争取。

A. 是

B. 不是

评分标准：

1、2、5、7，选 A 得 1 分，选 B 不得分

3、4、6、8、9、10，选 A 不得分，选 B 得 1 分

参考答案：

这只是一个最基础的测试题，分数越低说明自卑情绪越严重，你需要有意识地提升自信，否则将会一直被负面情绪困扰。

你没做错，为什么要内疚

有一种突如其来的关心，经常会给我们造成很大压力。几天前，来访者小琴因为一件事寝食难安，前来求助。

> 她的高中同学，十几年没见，突然和她拉起家常。起初她也没觉得有什么问题，但过了会儿，同学便张口向她借5万块钱，这让她很为难。
>
> 借吧，现在的经济条件不允许，自己的日常花销都勉强，每个月还要还房贷；不借吧，同学都讲出来了，又感到有些过意不去。

无论小琴拒绝与否，都是她的权利。再说了，哪有上来就管人借钱的道理呢？可是对于小琴来说，她说不出这个“不”字，只好说先和老公商量一下，不借带来的内疚感让她非常煎熬。

用客体关系心理学家克莱因的理论来解读的话，这样的事让她内疚，可能与早年的母婴关系带来的内疚体验有关。克莱因说：婴儿在刚出生后的3个月，在妈妈的悉心照顾下，会很满足，因为她只要一哭，妈妈的乳房就会及时出现。

但是，到了后面，妈妈开始因为疏忽，孩子有需求时，不会及时出现，这时就会让婴儿感到绝望、焦虑和愤怒。于是，就开始在妈妈喂奶时，表达这种破坏性的冲动，比如会用撕咬的方式弄疼妈妈。

由于婴儿分不清幻想和现实，以为自己毁灭了妈妈，因此会失去她，进而又产生一种恐惧体验，既爱又恨的内疚感就这样产生了。

克莱因进而指出，内疚虽然会让人感到不舒服，但它也是一种情绪的表达，不要拒绝它，它会帮你重新去整合爱与恨。

所以，从这个角度来讲，小琴应该将自己的内疚合理化，一个你许久未见的老同学，对方目的性很强，联系你不是为了联络感情，而是向你借钱。拒绝则是一种非常合理的选择，无论如何不至于茶饭不思，内疚是因为做错了事，显然你的选择是对的，借钱也要看对象，更要量力而行。

“合理化”是一种常见的心理防御机制，当一个人的目标、想法无法实现时，就会无意识地找出一些原因、理由、好处，给自己一个合理的解释，以掩饰自己的过失，从而减免焦虑的痛苦和维护自尊免受伤害。

我对小琴说：“实在不行，你不做决定，把决定权交给老公，让他来替你做选择，会不会好受一些呢？”

同学有困难需要帮助，并不等于你一定要帮。你害怕破坏关系，不等于这份关系是被你破坏的。你要维系一个好人的形象，不等于要承受一切不属于自己的责任，反而把自己现在的生活搞砸。

高敏感者往往存在这样一种现象：明明自己没做错，却一直在频频道歉。究其原因，他们在自己的无助感下过度防御，这种防御与创伤有关，这种现象在一些灾难幸存者中最为常见，比如遭受过抢劫、强奸、车祸的人，往往会过分地把创伤责任转嫁给自己。

他们会说：

“我真该死，不该坐那趟列车。”

“我本来不应该晚上出门的，待在家里就好了。”

我曾经接待过一位受过强奸迫害的来访者，以下是我和她的对话：

马素素：我太难过了，这都是我的错。

咨询师：为什么是你的错？可以具体说说是指什么吗？

马素素：宝宝的尿不湿用完了，我本来应该提前准备的，就因为没有提前准备，我才不得不在夜里11点到24小时商店去买。

咨询师：听上去如果你早点准备，这件事就不会发生了，是吗？

马素素：……而且我还穿着裙子出门。

咨询师：所以，如果尿不湿没用完，你穿的也不是裙子，可能就不会发生这件事了，对吗？

马素素：我还化了妆……

从以上的对话不难看出，内疚感在保护着她，去创造一种自己可以掌控的局面，慢慢恢复自己的力量，在自己能力范围内尽力预防强奸事件的发生。

但她必须知道如果过度内疚、自责，还会将她带入抑郁的深渊，重点还是要让她看到强奸事件的错误方不是自己，而是另有其人。逐渐将内心的恐惧、愤怒纾解出来，才能更好地恢复健康的心理状态。

如果你也经常产生内疚、自责的情绪，试试下面的方法：

写内疚日记

通过写日记的方式，将诱发内疚的具体事件写下来，然后再把导致内疚的消极想法写出来，当你冷静下来之后，再写出客观的想法。

内疚日记

具体事件
消极想法
客观想法

承认自己的能力上限

你不可能让所有人都满意，承认自己的能力上限，对于办不到的事大胆说“不”！同时，你也没必要取悦每一个人。

分清责任

如果你是内疚的一方，一定要分清责任，看看问题到底是不是你的错。如果不是你的错，道歉只会让对方利用你的愧疚感控制你；如果的确是你的错，那么要尽力弥补，从而缓解内疚情绪。

自我测试

你是内疚易感人群吗？如果你还不是很确定，可以通过下面10道题进行自我测试：

1. 天阴了，这时家里人要出门，结果你心里想着提醒他们带雨伞，但是一忙就忘记了，如果刚好下雨了，你会不断责备自己没有提醒他们带伞吗?

2. 对于那些已经发生、无法更改的事，你是否总幻想因为你的另一种选择而产生不同的结果?

3. 你总是对自己不满，喜欢说:“如果……”“我应该……”

4. 你无法拒绝自己不想去的聚会、应酬，常常担心会因此得罪人。

5. 当别人向你抱怨、诉苦时，尤其是亲近的人，你总是责怪自己对他们的关怀不够。

6. 尽管千挑万选，但是经常买完商品就后悔，习惯性退、换货。

7. 你患有选择困难症。

8. 在你的人生中，至少为一件事情持续内疚了很长时间。

9. 你是一个优柔寡断的人，喜欢为他人考虑，而且经常会责备自己做得不够好。

10. 对于那些曾经被你伤害过的人，你会经常感到内疚，只有他们过得比你好，你才会安心。

参考答案

以上 10 项，如果有 7 项以上（含 7 项），你的选择是肯定答案，那么毫无疑问，你属于内疚易感人群，严重者经常会被内疚压得喘不过气。

4 ~ 7 项，你的内疚情结不算很严重，并且知道如何排解情绪，但是也会经常被内疚情绪困扰。

4 项以下，在正常范围内，没什么可担心的。

愤怒管理：面对人际冲突，如何快速制怒

人际冲突是不可避免的。然而，高敏感者不这样认

为，他们想得最多的就是，假如人与人之间没有矛盾、冲突会多好。

但显然，有些时候冲突是没办法回避的，既然不可避免，就要利用好它。因此，我们需要学习更好地与冲突相处，而不是期望消灭冲突。

大多数人都基于自我的认知去交往，当他人对我们的认知存在差异时就容易引发冲突，然而并不是所有的分歧都会造成冲突，但冲突的发生一定是因为某方面的分歧无法弥合。而且，从心理学的角度说，这样的冲突往往是由潜意识决定的。

美国著名营销大师西蒙斯·涅克曾提过一个黄金圈理论：

通过研究发现，大多数人的思维习惯是从里面的小圈往外推，当人们在交往时，对自我的认知是从中心的小圆Why开始的，这也是我们开始接触他人的出发点和动机。

当一件事和我们期待的不一样时，我们就会感到委屈甚至愤怒。这让我想起昨天发生在自己家里的一件事。

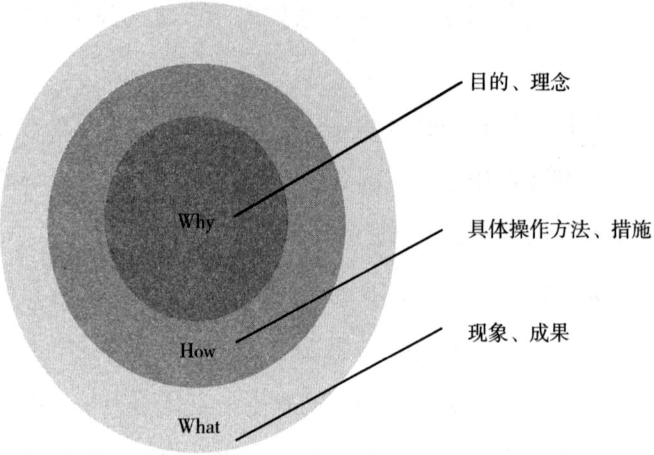

我爱人在国内排行前三的物流平台公司工作，可最近因为加班无法照顾孩子的原因，经常闹情绪要换工作，已经30多岁了，非要考公务员或事业编。

我说：“挺好的，那晚上让我妈照顾孩子，你专心备考。行的话我跟咱妈说一声。”

她说：“你说行就行！”

第二天晚上，她要抱孩子去睡觉，我有些

责怪地对她说："都说咱妈带孩子、你学习了，你又自己带？"她什么也没说，抱着孩子就去睡了，我有点生气她不回应我的问题。冲突一触即发，和她吵了一架，这才了解到她的真实想法。原来她觉得孩子晚上不好好睡，会影响老人身体，所以不想麻烦别人。听到这儿，我的怒气瞬间消失了。

我委屈和愤怒的原因是自己好心办坏事，所以会用自己的动机进行辩护，认为自己是出于好心，对方如果不理解的话就太不近人情了。但这时爱人对我的认知，往往是基于最外围的圆 What 来判断的，也就是从我所表现出来的情绪和行为去反推我的出发点。

如果她的感受是好的，就认为我的出发点好，如果相反，就认为我在控制她，反而变得更不爽。也恰恰是因为这种信息不对称、思维角度不同，我和她才会有分歧，进而因冲突而争吵。

事实上，我们与人交流时往往遵循这种沟通的漏斗效应。

西蒙斯·涅克说："对于沟通者来说，如果你心里的想法是 100%，那么当你在向他人倾诉表达时，可能只表达了 80%，加之由于对方文化水平、知识背景、理解领悟力等因素，最后她接收到的可能只有 60%，甚至更少。"

但奇怪的是，在现实中人们很容易忽略这样的误差。

这也是为什么我们总以为自己表达清楚了，而对方还是理解成了别的样子。愤怒也因此而产生！

你是否也有遇到某事，想想就觉得生气的时候？有爆发的冲动，又在担忧到底应不应该爆发出来？

那么，愤怒来袭时，我们到底应该怎么做？

1. 不否认、不拒绝，承认自己很生气，也敢于表达自己有些生气，用语言或愤怒的腔调宣泄出来。注意，是宣泄而不是发泄！一字之差，却有天壤之别，一个是管理情绪，一个是肆意发泄。

2. 学会利用刚刚学到的知识进行倒推，到底我因何生气，找到情绪爆发的引线，想办法做一些处理，化解它。

3. 换个解释，想法变得不同，愤怒情绪也会逐渐有所变化，所以要尽可能找到情绪背后的善意，用语言去剖析我们的愤怒。比如你很生气，你可以大喊“我很生气，我想发火”，而不是借着情绪制造更多争端，让情绪尽量在自我的沟通交流中稀释弱化，最后找到和平解决问题的方法。

4. 不要让冲突影响你当下的目标。冲突要以解决问题为中心，而不是一味地发泄自己的不满，否则问题会像滚雪球似的越滚越大。

自我测试

你是一个易怒的人吗？接下来这个测试，我们推荐的是很著名的诺瓦克愤怒量表（稍有改动），一共列出了25种可能的烦恼情形。在每一种情形之后，按照下面的比率表计分：

0分——你感到没什么烦恼或烦恼很小

1分——你感到有点烦恼

2分——你感到恼怒（中度的）

3分——你感到相当愤怒

4分——你感到极其愤怒

1. 你刚购入一件设备，结果插上电却发现它根本就不工作。

2. 你被一名修理人员敲诈，他打算要挟你。

3. 你被单独挑出来改正错误，而其他人的行为没有被察觉。

4. 你的车陷进了泥浆里或雪窝里。

5. 你正在和某人说话，而他却不回答你。

6. 有人谎称他们有某种东西，而事实上他们没有。

7. 在咖啡店，你正端着一杯咖啡，结果被人撞到，咖啡溅了出来。

8. 你已经把衣服晾好了，但是有人把它们碰到了地上，而且没有捡起来。

9. 从你进店的那一刻起，售货员就一直跟着你。

10. 你已经和某人约好，但是这人在最后一刻爽约了。

11. 被人开玩笑或被人奚落。

12. 红灯了，你的车停下来，而后面的家伙却不停按喇叭催促。

13. 你在停车场偶然拐错了弯儿，就有人冲你叫道："你在哪儿学的车？"

14. 有人犯了错，却拿这件错事责备你。

15. 你正想集中精力，但是你周围的人在用脚打拍子。

16. 你把某本重要的书或某个重要的工具借给某人，他们却不还给你。

17. 你这一天很忙，和你一起住的人却抱怨，你本来答应做某件事情，可是你忘记做了。

18. 你想和你的同伴或同事讨论某个重要的事情，但是他不给你机会表达你的感受。

19. 你和某人在讨论，这人坚持要讨论他们所知甚少的话题。

20. 当你和某个人进行讨论时，另外一个人却坚持要进来插话。

21. 你需要尽快到某个地方去，但是你前面的汽车行驶速度非常缓慢，而且道路宽度不具备超车条件。

22. 踩在一块嚼过的口香糖上。

23. 当你路过时，受到了一小群人的嘲笑。

24. 匆匆忙忙要去某个地方，结果你的一条很好的休闲裤子被一个锋利的东西刮破了。

25. 你用最后一枚硬币打电话，在你拨完之后却掉了线，而硬币也没有了。

参考答案：

0 ~ 45 分：你所体验到的愤怒与烦恼的数量相当低。只有很少一部分人在测试中能得这么低的分数，你是一个幸运的人。

46 ~ 55 分：事实上，你要比一般人更平静。

56 ~ 75 分：你对生活的烦恼报以同等数量的愤怒。

76 ~ 85 分：你是一个易怒的人，你经常用一种愤怒的方式来对待生活中所遇到的烦恼。

86 ~ 100 分：你就像一根火柴，一点就着，你被自己的坏脾气所折磨，而且经常失控，你需要及时就医。

人格面具：不同场合扮演好不同的角色

有的人常常怀疑人生，觉得自己每天都在戴着面具生活，活得好累。然而，他们说的面具人人都有，只是他们内心的不允许，才会让自己这么累。

小 A 抱怨说："我无法和上级沟通，在他面前我总像个做错事的孩子，支支吾吾讲不出话来。要是哪天我能变得像某某同事一样，在老板面前侃侃而谈该多好！"

后来，小A听了一场励志演讲，觉得台上的老师太有人格魅力了，又开始幻想着有朝一日能像他一样，即使面对很多人都不会怯场！

然而，当朋友们想约她出来玩儿，可她压根儿不感兴趣，只想在家宅着，陪着自己的小花猫，修剪花草，阅读书籍，享受时光。其实小A的心底还是渴望与人交往的，只是心中的恐惧让她止步不前。

对于性格内向且高敏感的小A来说，这样的戏码在她心中不断加码，让她不堪重负，越来越累。

其实，即便是内向高敏感者，也不可能一直离群索居。如果不想活在恐惧与担忧之中，就需要卸下防御，融入集体。想要融入集体，必须修缮自己的人格面具，使其能够适应不同的场合。

人格面具一词，是瑞士心理学家荣格率先提出的，他将人格比喻为面具，人们在不同的社交场合会表现出不同的形象，以寻求社会认同，从而融入社会，与他人和睦相处。

从心理层面来讲，拥有适度的人格面具的人，可以在任何场合发挥它的作用，与人保持相对舒适、互愉的关系。这样的情况下，会让那些高敏感者对自己的行为有所掌控，从而减少疲累感！

那么我们如何拥有这一能力、呈现适度的人格面具，以及在不同特质之间自由转换呢？

我认为，要想从根本上解决这个问题，必须深入了解自己在不舒服时内心呈现出来的这种冲突，想办法跳到它的背后，去好好观察它是谁？它在乎什么？慢慢看见它背后的不容易，从而带领它一起寻找出口和解决之道。

我将这个过程分解为人格面具四步成长曲：

第一步：识别被压抑的人格面具

如果像小 A 一样，在面对领导时感到不舒服，一定是你内在的能量被现在的面具压抑了。找出被压抑的面

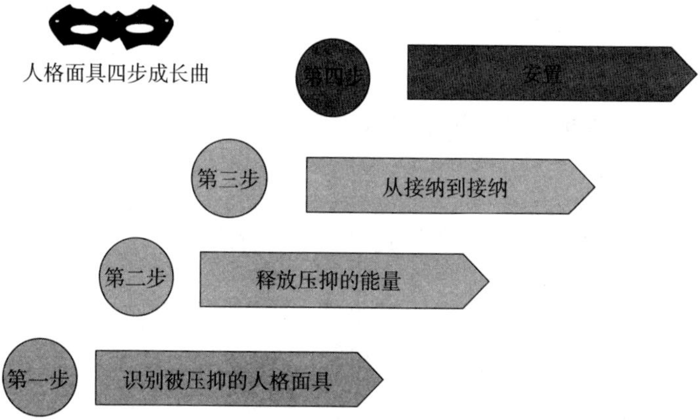

具，让它浮出水面。小 A 隐藏的人格面具就是紧张，是因为看到领导太激动了，想要充分表达，却因太激动而讲不好话。

第二步：释放压抑的能量

将你的紧张和想要掩盖的人格面具，用外化的方式表达、释放出来。比如案例中紧张的小 A，可以说：“领导，我今天讲话可能会有些紧张，因为一到大人物面前，我就比较容易这样，希望您包涵，我会尽量表达清楚。”

表达的目的就是更直接、主动地把面具展现出来，把面具的能量释放掉。

第三步：从接纳到接纳

识别和释放是需要在初步接纳的基础上实现的，又进一步促进了接纳的发生。让来访者逐渐整合出适宜的人格面具，从对自己否认、排斥的状态，通过自我对话和外化对话，达到最终的接纳。

第四步：安置

安置，就是给新整合出来的人格面具一个处所，让它拥有真正的“合法地位”，这也是一种更具有内涵性的接纳。

著名的精神病学家、心理学家卡伦·霍妮有一句形容这种人格病态的话最为经典，她在《我们时代的神经质人格》一书中说：一方面希望统治一切人，另一方面又希望被一切人爱；一方面顺从他人，另一方面又把自己的意志强加在他们身上；一方面疏远他人，另一方面又渴望得到他们的爱。正是这种完全不能解决的冲突控制着我们的生活。

不难看出，对于某些高敏感者来说，他们需要摘下束缚在身上的厚重、僵化的人格面具，允许它们发声、释放和表达。唯有这样，才能进一步展现真实的自我。然而，也有些人需要强化他们人格的薄弱面，整合那些破碎的人格，从而拥有更加适宜的人格面具。

自我测试

接下来是一个很有意思的测试，按要求完成下面的测试题，看看你平时戴着几个面具：

1. 最近你常常感到压力很大？

是的——转第 4 题

不是——转第 3 题

有时——转第 2 题

2. 你经常因为迁就别人而委屈自己？

是的——转第 5 题

不是——转第 4 题

还好——转第 3 题

3. 你曾经无缘无故地讨厌过别人。

是的，不只一个——转第 6 题

是的，只有一个——转第 5 题

不是——转第 4 题

4. 对于可能遇到的问题、麻烦，你相信自己有能力解决。

是的——转第 7 题

不是——转第 6 题

不确定——转第 5 题

5. 你总是害怕得罪人，所以小心翼翼，不敢表达真实想法。

是的——转第 8 题

不是——转第 7 题

还好——转第 6 题

6. 你认为朋友之间最重要的是什么？

真诚——转第7题

信任——转第8题

关心——转第9题

7. 你在意别人的看法吗？

在意——转第9题

不在意——转第10题

看情况——转第8题

8. 你总是认为没有人了解你。

是的——结果A

不是——转第10题

不确定——转第9题

9. 对于全新的环境，你总是能够迅速融入吗？

是的——结果D

不是——结果B

看情况——转第10题

10. 如何评价你的性格：

自卑的——结果B

自信的——结果 C

介乎两者之间——结果 D

参考答案：

选择 A，你可能戴着 3 个或以上的面具。

为了保护自己，你经常需要戴上多个面具。如果你对此游刃有余、身心愉悦，那么请保持目前的状态；如果你像很多高敏感者一样，一方面渴望被人理解，另一方面又在极力隐藏真实的自己，这时你就需要在不受伤害的前提下，适当摘下几个面具。

选择 B，你可能戴着 2 个面具。

在自己不熟悉的环境中，你会感到不安，所以会习惯性地戴上面具，尽可能表现出跟其他人一样或者让别人喜欢的样子。从某种方面来说，你可能担心自己不被人接受，你需要更自信一些。

选择 C，你的面具数量为 0。

你是一个非常真诚、直率的人，内心与外在表面一致，痛恨虚伪。你不会选择戴着面具生活，因为这样的特点，一方面会吸引很多欣赏你的人，但另一方面也可能会因此得罪不少人。如果可以灵活把握，那么你的生活、工作将会更加轻松。

选择 D，你可能戴着 1 个面具。

日常生活中，这类人居多，为了生活与工作，我们都不得不戴着一个面具。在大多数时候，你会表现出最真实的自己。但是当面对不同的情形、人群时，你会戴上面具，以防自己受伤，同时避免伤害到别人。

关注需求的表达，利用深度沟通更好地了解彼此

高敏感者在交往中谈话容易浮于表面，表达时言不由衷、难以深入。

讲一下我的经历，在开始系统学习心理学之后，几乎每天的时间都被考试、作业、论文等占据，在对考试感到焦虑的同时，也深深地为走心理咨询这条路而担忧！

因为我经常听到那些同专业的过来人分享自己跨专业转型时的无奈与心酸，也听过许多成功的心理咨询师分享自己从业的艰辛，不自觉地会对自我产生深深的怀疑：我是否可以做到？

在那个阶段，我们北大心理学的班级分为两派，坚持学有所用的同学，与那些喊着要转型的同学天天打嘴炮。我一度想要和他们好好聊聊，最终因为各种原因没有付诸行动。

我感觉很难站队，总是想着鱼和熊掌，两者兼得，然而现实就是现实，走心理咨询师这条路的挑战性比较大。

当时的我，也特别敏感，很容易受别人影

响，从而在理想与现实之间犹豫不决，幸好有老师及时解惑。老师告诉我们：你们应遵从内心，敏感是心理咨询师共情能力高的重要标志，你们可以对照自己，看看具备这种宝贵特质吗？再决定要不要走这条路。心理咨询中经常强调的倾听、重复和共情技术，是作为高敏感者特有的品质，你们完全可以利用好这三点，把自己的共情传达给对方，关系可能就会因此而进入深度沟通阶段。

那么，如何实现深度沟通呢？

第一，多提开放式问题。开放式提问意味着，对方可以选择性地表达自己最真实的想法、感受、情绪、需求等，而如果提问过于封闭，比如你吃了吗？答案只有是或否，也就很难有深入了解对方的机会了。

第二，自我暴露。在团体中，自我暴露往往是关系信任的表达方式之一，一个人自我暴露得越多，证明关系的信任度越高。言外之意就是告诉对方，我是信任你的。此外，表达自己的真实烦恼和难过，也会传递一种信任、放下防御的姿态。

第三，保持专注。咨询过程中全然投入，对咨访关系是非常有帮助的，用到人际交往中同样如此。当彼此沟通时，要让对方感受到你的专注，全身心聆听对方的倾诉。

第四，共情。感同身受地理解对方，不要先入为主地评判他们的感受，从而让你们的关系变得充满暖意。

第五，牢记并重复对方的话。在沟通过程中，过一段时间之后，复述一下对方的话，这会让他们觉得你把他说的话放在心上，会更加愿意敞开心扉，从而拉近关系。

第六，积极回应与情感表达。沟通过程中一定要积极回应对方，同时表达自己的观点时，要多用情绪、感受先行的方法，比如以“这样讲希望你不要误会”开头，这样即便你给出对方不喜欢的回应，也不会引起对方的反感和误会。

第七，学会分享感受，讲话以对方为中心。把自己当成练习生，每一个沟通过程都是你练习的好机会。以这种心态积极分享自己的感受、表达自己的关心，更容易让沟通更深入。

多提开放式问题

自我暴露

保持专注

共情

牢记并重复对方的话

积极回应与情感表达

学会分享感受，讲话以对方为中心

自我测试

你是一个善于沟通的人吗？如果你对此不确定，试着回答下面的10个问题：

1. 当你与他人发生争执的时候，总是会在不知不觉中提高音量吗？

2. 对于每天都能见面的同事，你能叫出90%以上的人的名字吗？

3. 对于不喜欢甚至厌恶的人，你会假装没看见吗？

4. 你和领导、同事们相处愉快吗？

5. 遇到不合理的事情，你会抗争到底吗？

6. 假设你昨天跟一个同事吵架，今天你能愉快地跟他聊天吗？

7. 在购物、消费过程中，如果遇到态度不好的服务人员，你会跟对方起争执吗？

8. 中午吃饭，你托同事帮你买一盒宫保鸡丁盖饭，结果同事买错了，你会乐于接受并感谢他吗？

9. 和朋友商量去哪里旅行，你会坚持自己的意见吗？

10. 你认为保持和谐的人际关系是很重要的事吗？

计分方法：

以上问题，单数题答“是”者得0分，答“否”者得1分；双数题答“是”者得1分，答“否”者得0分。

心理解析：

0 ~ 4分：完全自我型。在你看来，自己的感受才是第一位的，这样的性格注定了你在与他人的沟通中招致很多麻烦。即便你是一个性格大大咧咧、凡事无所谓的人，还是建议改变一下自己的处事方式。

5 ~ 7 分：沟通能力在正常范围内。大多数情况下，你的沟通能力都没问题，尤其是面对与自己合得来的人，然而当遇到不喜欢的人或者存在意见冲突的时候，可能你就没那么灵活了，这也是需要进一步提升的地方。

8 ~ 10 分：你是一个善于沟通的人。你具有很强的沟通能力，在大多数情境之下，你都可以做得很好。

第七章 Chapter 7

高敏感人群如何释放压力

情绪地图

贫瘠的土壤上长不成参天大树，连天的烽火中也结不出和平硕果。情绪是怎样一种存在，就跟什么土壤长什么样的农作物一个道理。你有没有发现？身体容易出问题的人，往往在情绪上早已露出端倪。

其实，在每个人的体内，都有一张关于情绪的地图。有时候，我们不懂怎样使用它，就会带来很多的问题。

比如，容易生气的人，会引发消化不良、口臭；容易紧张的人，可能会经常胃疼；长期的怨恨，可能会诱发癌变；经常遭受批评，容易关节疼痛……

你是否察觉到，当你产生负面情绪时，身体上会出现微妙的变化？其实所有的情绪波动都会让身体有所改变，研究发现，有 70% 以上的人容易遭受情绪对身体器官的攻击，目前与情绪有关的疾病已经高达 200 种。

在此之前，已经有科学家研究发现，在外界刺激导致人们的情绪发生变化时，身体总能抢先一步做出相应的反应。

此外，在一份来自芬兰的研究报告中，科学家进一步根据人们在经历某些情绪时的反应，绘制了一张人体的“情绪地图”。这份报告于 2013 年 11 月底发表在《美国科学院院刊》上。

在这项研究实验中，研究人员分别对 6 种“基本情绪”与 7 种“复合情绪”进行研究记录。

6 种“基本情绪”：

- 愤怒
- 恐惧
- 厌恶
- 快乐
- 悲伤
- 惊讶

7 种“复合情绪”：

- 焦虑
- 爱
- 抑郁
- 轻蔑
- 骄傲
- 羞愧

◉ 嫉妒

研究人员发现，在人们感受不同的情绪时，身体的相关区域会被激活，例如愤怒，这是所有情绪中最强烈的，如下图所示：

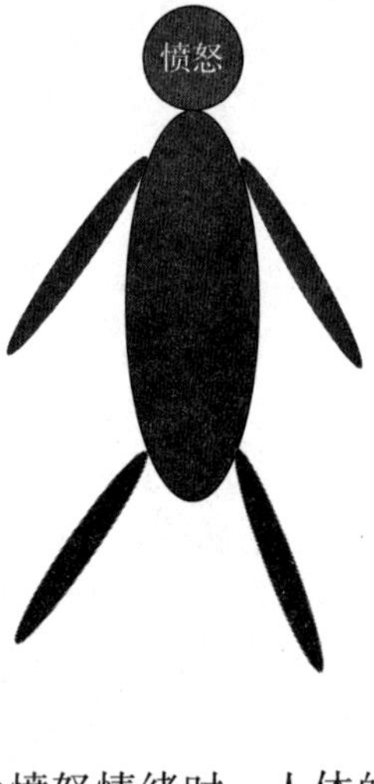

当一个人产生愤怒情绪时，人体的上臂感觉会得到不同程度的激活或抑制，上半身的体温明显升高，下半身则不会被激活。

据悉，在未来，科学家或可通过将“情绪地图”与脑电图结合，来进一步探索情绪产生和发展的整个过程，并将这一研究成果为器质性病变和精神心理治疗提供参考。

在国内，大量临床医学研究也表明，很多的大病小情都与情绪有着密不可分的关系。小到感冒，大到冠心病和癌症，都是如此。

内心经常充满矛盾、压抑，心里感到不安和不愉快的人，往往容易免疫力低下，进而引起经常性感冒、一着急就喉咙痛。

容易紧张的人则会偏头痛、血压升高，引发心血管疾病。

经常忍气吞声、逆来顺受，不断压抑的情绪会使得癌症的患病概率大大增加。

事实证明，调整好自己的情绪，就是最好的保健。总之，研究让我们看到好的情绪与身体健康的相关性，同时提醒我们情绪和心理健康的重要性！那么如何调整好情绪，拥有一个良好的心境呢？接下来我们将详细介绍几种常见的放松解压方法。

情绪释放法

情绪释放法，最早的雏形被称为思维场疗法，是由美国心理学博士罗杰·卡拉汉发明的。

1980 年，卡拉汉接诊了一位患有严重恐水症的患者，因为传统的方法迟迟不奏效，他开始尝试其他方法。卡拉汉对经络学有一定的研究，在好奇心的驱使下，他开始用手指尖轻轻拍击患者眼窝下方的穴道——胃经末梢，一开始患者还抱怨这样让她不舒服，但是坚持了一会儿，出乎意料的事发生了，这位患者表示她的恐惧感不见了。

后来她马上跑到附近的泳池，往自己脸上泼水，发现恐惧真的不见了，这样坚持了一段时间，连头疼和梦魇的毛病也都跟着消失了。

于是卡拉汉更加确定心理疾病与经络系统有一定相关性，因此不断完善提出了思维场疗法（Thought Field Therapy，简称 TFT）。采用这种疗法，可以起到平衡情绪的作用。

情绪释放技术（Emotional Freedom Technique，简称 EFT）是一位叫盖瑞·奎格的牧师在 TFT 的基础之上改进而成的，它的主要观点是：所有的负面情绪都是由于体内的能量系统受到侵扰而引起的。

由于真实的版本需要记住很多穴位，现在，我们主要来介绍一下简化后的操作步骤：

准备阶段

按盖瑞的说法，我们可以把准备工作设想成你即将要打保龄球，需要做好调试准备工作，比如事先把末端的球瓶摆好，拿球时要先预演、活动一下，确保手指的灵活性等，一切就绪，再把球掷出去。同理，情绪释放也是需要做些调适的，比如定位好自己的淤堵点、所在的穴位，这是进行释放动作前的必备工作，同时也要先熟悉掌握具体的操作方法。

操作序列

简单来说，这部分实际上就是用手指头按压穴位（身体能量的淤堵点）部分。

步骤一：找到自己感到不舒服的位置，先做一个简单的评估，如果状态上完全没有难受是0分，特别不舒服且难以忍受为10分，0 ~ 10分，给自己一个整体评分。

步骤二：找到自己身上有不适感的酸涩点，如果懂一些穴位知识就更好了，不懂也没关系，何处都无所谓，可以根据你的具体情况来确定，而这就是你进行按摩且同时说出宣言的地方。

步骤三：为了达到预期效果，在行动上按摩、敲击的同时，还要进行语言上的改译与暗示。注意把负向思考改译为中立化或正向的语言。

范例为：虽然我＿＿＿＿＿＿＿＿＿＿＿，但我深深地爱自己，并且全然地接受自己。（空格中要填上你主诉问题的简短描述）

例如：虽然我讲话口吃，但我深深地爱自己，接受它所带来的一切影响。

在说出宣言时，有一些重要且有趣的原则：

不管信任与否都要说出来；

带着情感去表达，忽视理智的扰乱；

大声或默念都可以，重要的是坚持。

在这个阶段，你需要根据自己的实际情况创造一个句子，并将范例中的空格填满，即为你的宣言，然后按摩身上的酸涩点，或用手掌外侧多肉的一边轻轻拍打酸涩点，同时带着感情将组合好的宣言说出来，之后重复3次左右的练习。

步骤四：重复步骤一，评估一下自己整体的改善情况。学会在练习中察觉身体和心理感受上的微妙变化，强化自己改善的部分。

此外，通过多年的心理咨询经验，我建议把积极想象技术也融入其中，比如，在按摩或轻拍穴位的同时，可以把它想象成我们体内的负面能量的出口，设想这些内在的负面情绪争先恐后地从出口涌出，也能达到更理想的效果。

渐进式放松训练

张弛有度乃生活之道，对于高敏感人群更是如此，他们往往容易在工作或生活中积累负面情绪。

渐进式放松训练，能有效缓解身体的紧张，让你从高敏、低效、心累的体验中得到解脱。渐进式放松法又叫作肌肉神经放松法，它利用的是紧张后的放松会更放松的原理。让你的身体各部位，由紧到松，体验肌肉的放松感。在这个练习过程中，也会把你的其他烦恼统统抛之脑后。

Tips：该训练需要有足够的耐心，才能达到较好的效果。

如何练习渐进式放松法：

准备阶段

环境要求：

1. 找一个相对安静、不易被打扰的环境。

2. 找一张舒适的沙发或床，选个可以倚靠或者平躺的位置。

3. 选择最舒服的姿势平躺或坐好。

心理准备

1. 微微闭眼，保持心情放松。

2. 相信自己可以通过练习变得更棒！

3. 将注意力集中在身体和感受上。

正式练习阶段

首先，闭上眼睛，想象大脑像一部精密的扫描仪一样，从头往下，依次扫过身体的每一个部位，被扫描到的地方，就会完全、彻底地放松了。

其次，开始关注身体每一个部位的松紧：

1. 手部：用力握拳，让自己手部的肌肉变得紧绷有力，甚至可能有颤抖的现象，确保自己使足了力量用在这里。坚持 5 ~ 10 秒，可以倒数 10、9、8……3、2、1，停下来，缓缓地放开拳头，让手部放松、再放松。

整个过程都要让注意力保持在肌肉紧张和放松的感觉里，如果有需要，可以再重复两次，然后练习下一个部位。

2. 手臂：双手握拳，手臂向上弯曲，再用力贴近肩膀，坚持用力，再用力，保持 5 ~ 10 秒，然后再打开双手、放下来体验放松后的感觉。

3. 肩膀：用力向上提肩膀，使肩膀尽力贴近双耳，保持 5 ~ 10 秒，然后慢慢放松。

4. 颈部：颈部的松紧一般分两个步骤进行。第一个步骤，尽量将头往后仰，肌肉紧绷，想象脖子冒出青筋的感觉，持续 5 ~ 10 秒，然后再慢慢让头部回到原来的位置。第二个步骤，低头练习，把头尽量往胸部垂，下颚使劲靠近前胸，保持紧张的状态 5 ~ 10 秒，再慢慢放松，回到原处。

5. 脸部：脸部肌肉分额头、眼部、牙关节、嘴唇和舌头五个部分。

额头：把眼、眉尽量往上提，让你的额头紧绷，5 ~ 10 秒后再慢慢放松。

眼部：用力紧闭双眼，感受眼部肌肉的紧张，5 ~ 10 秒后再慢慢放松。

牙关节：咬紧牙关节，体验肌肉紧张的状态，5 ~ 10 秒后再慢慢放松。

嘴唇：用力咬合上下嘴唇，5 ~ 10 秒后再慢慢放松。

舌头：用力将舌尖顶着上颚，5 ~ 10 秒后再慢慢放松。

6. 胸部：深吸一口气，让你的胸部和肺部尽量扩张，5 ~ 10 秒后再慢慢放松。

7. 腹部：将腹部向内收缩，即可感受腹部肌肉的紧张，5 ~ 10 秒后再慢慢放松。

8. 背部：将两边肩膀用力向后压，或者弓起自己的背，感受背部肌肉的紧张，5 ~ 10 秒后再慢慢放松。

9. 臀部和大腿：提臀，然后紧绷自己的大腿肌肉，和臀部连在一起，5 ~ 10 秒后再慢慢放松。

10. 小腿：先将双腿伸直抬高，离开地面，脚底尽量向下压或向上压，这样小腿的肌肉就会感到紧张，持续 5 ~ 10 秒后，再放回地上。

11. 再用心感受一下整个身体，看看还有没有紧张的部位。如果有，再重复做一两次局部的松紧练习。

最后，身体就会体验到美妙放松的感受，仿佛身体里有一股波浪般的暖流经过，从头到脚充满了舒畅的感觉。

注意事项：

保持适当的节律，与呼吸相协调。

一次专心做一个部位的练习，用力适度。

一般每次练习在 15 分钟左右，时间不允许或被打断也没关系，可以分几次来完成。

系统脱敏训练

对于高敏感人群来说，可能最重要的是“去敏感练习”，比如遇事特别容易紧张，害怕当众发言，等等。明知自身存在这方面的问题，却又把目光聚焦于此，因此会高度敏感，甚至小题大做，那怎么办呢？别着急，系统脱敏训练可以帮你改善。

系统脱敏训练也是心理咨询中常用的技术之一，其精髓就是用放松代替焦虑和恐惧。它由美国心理学家沃尔普率先开创，被分为三个序列，分别是：放松、等级建构、脱敏。

步骤一：放松练习

该方法与肌肉渐进式放松练习有相似之处，主要是寻找一个舒服的位置，自然平躺或倚靠，也可以放一段舒缓的音乐，确保自己在放松的情境中。这时，可以回忆一下过往有趣或快乐的事，比如最开心的一次出游、和亲人重逢、早年无忧无虑的时光等。同时，可以慢慢地察觉自己身体各部位的感受，关注这种舒缓的情境下的放松，让身体越来越放松！

放松练习通常需要反复练习，才能真正掌握，一般每次历时半小时，每周 1 ~ 2 次。

步骤二：等级建构

根据具体情况建构焦虑的等级，这里主要分两个部分完成：

第一步，找出所有令你感到焦虑或恐惧的事件；

第二步，按引发焦虑或恐惧的不同严重程度排序，从小到大依次给自己评分。

可以采用5分制，1～5分，1表示轻度，2表示较轻，3表示中度，4表示较重，5表示严重；或者10分制，0～10分，你给自己目前的程度评分，可以有小数点。通过这方面的具体评分，建构好不同事件的相应等级。

实操案例：用5分制为王女士建立对面试紧张的焦虑等级表：

1. 她面对面试官进行考试答辩（5分）。

2. 她被通知将进行三次面试（4分）。

3. 她投递简历给公司（3分）。

4. 她准备好换一份工作（2分）。

5. 看到别人求职，联想到自己目前的处境（1分）。

步骤三：脱敏训练

在训练中，可以按照不同的等级，从小到大逐级进行脱敏训练。

具体操作细则：

1. 让自己从最低得分的刺激事件开始，先去想象问题发生时的情境，可能会引发一些不舒服的体验，这时停止想象，再辅以放松训练，慢慢让不舒服的感觉越来越少，从而实现得分上的减少。

2. 对训练后的状态做一个评估，去和原来的分数做对照，重复练习，直到分数在2.5分上下的焦虑指数，即可视为脱敏成功。

3. 再进行等级高一级的刺激事件的脱敏练习，重复上面1 ~ 2的步骤即可。

注意事项：

1. 信任自己，在建立信心的基础上进行分级。如果遇到的某个刺激比较大，可以进行分阶段训练或在心理咨询师的指导下完成。

2. 遇到问题，要学会拆解处理，面对困难也要调整自己来应对，不要回避它。

3. 每次结束后，可以就自己的实际情况进行调整，强化自己的适应性行为。

曼陀罗疗愈法

生活对我们每个人来说都绝非易事，容易产生烦恼、痛苦、负能量，更别说那些本身自带烦恼体质的高敏感人群了。对于负面情绪，我们应该学习一种方式去转化它，避免被它边缘化，始终处在生活的圆心。

曼陀罗疗愈法可以帮你提升专注力与觉察力，关注内在能量，为你的生活带来更多的爱、智慧和勇气。

曼陀罗通常会有很多形状，但基础结构是不变的。无外乎一个类似圆形的图案，外边的圆是一个结界（储存能量的场），中心代表自信。

绘画过程中既可以自由创作、表达情绪，也可以遵循样本作画，让内心的能量进行有序的释放与整合。

具体操作：在下图中用充满能量的颜色笔，涂上自

曼陀罗

己喜欢的颜色，在涂画的过程中，曼陀罗的结构与色彩渐渐成型，帮你实现专注，获得身心的放松体验。

注意事项：

1. 一开始动笔，可能你不知道自己想要什么，但经过沉思和练习，你还是把自己想要的画了出来，这个过程本身就是疗愈，它帮你释放负面情绪，找回内在的平静与放松！

2. 曼陀罗是为了帮我们寻找内在世界的线索，不是以寻求炫目图案为目的，我们的目的是探索内在的成长与改变，去和自己的自然天性做连接！

3. 关注自己的内在感受，只有不断地进行内观训练，才能掌握了解自己、整合内在的方法。

4. 保持一定的专注力，使自己在曼陀罗的圆中自由地描绘只属于自己的心灵图腾，然后用心体验色彩与结构，深入其中来了解和解析自己的情绪模式、行为模式以及潜意识语言。

简而言之，曼陀罗疗愈法，就是这样一个拿起画笔、做自己的能量疗愈师的方法！

第八章 Chapter 8

永远不要活在别人的期待里

你为什么那么害怕得罪人

我们知道在很多高敏感人群中，大部分人非常容易受外界影响，害怕得罪他人，经常会把别人的感受置于自身之上，也因此活得特别疲累。

我们可以努力让自己变得更优秀，却无法让每个人都喜欢我们。很多人、很多事都是我们无法控制的。既然如此，对于高敏感人群来说，尽量做到不被他人影响，就可以得到更愉悦的生活状态。

没必要为一些自己无法控制的事感到悲伤难过，因为这不属于个人能干预的范畴，所以这里有一个边界感划分的问题。有着清晰边界感的人，他们往往不会为这些不属于自己能力范畴内的事发愁。他们很清楚地意识到，自己什么能做，什么不能做。以人际交往为例，对于不喜欢自己的人，与其在容忍中交往，不如将自己真实的想法和盘托出。因为他们很清楚，即便是选择隐忍，结局也不会好。

举一个例子，你来到自己心仪已久的公司参加面试，然而由于太渴望获得这个岗位了，面试官给你提了很多苛刻的条件，如经常出差、周末加班，你都低姿态地说："没有问题，我特别想获得这个位置，什么条件都可以接受。"

然而，结局很可能是即使你的姿态放得很低，面试官也不会给你机会，很可能他们觉得你配不上这份工作。

人们都喜欢有价值的东西，可以想象商店的橱窗里有同样的货品，一个标价 2000，4 折优惠，800 块出售；一个标价 800，原价出售，人们往往会对打折商品更有兴趣。原因很简单，他们下意识会觉得标价高的更有价值。

所以，从这个角度大概可以理解为什么有的人特别害怕得罪别人，原因很可能是他们认为得罪别人，将意味着拉低自己的价值，让别人不喜欢自己。

但是如果你选择一味忍让，则反而让对方越来越想进一步试探你的底线，然后把你逼到不得不拒绝他的地步，最后的结果很可能是，他会更加记恨你。这也是古人说的“升米恩，斗米仇”。

近期我在石家庄的房客房租到期，我们约定的是年付，到期续下一年的租金，结果她说能不能缓缓，石家庄去年疫情导致不少人一个多月没收入，我就同意暂缓半月。然而半个月过去了，她只转来 3 个月的房租，说：“哥，怕你急用钱，先给你转些，剩下的再缓缓……”

我果断拒绝了她，第二天她如数转来了一年的租金。

第一次同意暂缓是考虑情分，第二次再同意就是犯傻了，因为显然对方在试探你的底线。人无信不立，这不仅仅是暂不暂缓的问题，而是上升到对方的契约精神和诚信问题。

说实在的，别人既然不怕得罪你，你为什么要怕得罪别人呢？有时得罪这个词用得不准确，因为没有无缘无故的拒绝与被拒绝。

像我这样，每次害怕得罪人时，多问问自己：别人得罪我都不怕，我有什么不好意思拒绝别人的呢？

与别人比，是最蠢的想法

人与人之间的相互比较总是不可避免的，仿佛人们天生就会在与别人的比较中寻找优越感。我在抖音看过一个搞笑的短视频，两个小女孩在楼下比较：

女孩 A：“我哥哥会打拳击。”

女孩 B：“我哥哥也会。”

女孩 A：“我哥哥月薪两万。”

女孩 B：“我哥哥也是。”

女孩 A：“我哥哥敢一个人去外地。”

女孩 B：“我哥哥也敢一个人去外地。”

女孩 A：“我哥哥敢吃屎。”……这时，女孩 B 的哥哥推开窗户大喊：“我不敢，滚一边去！”

我们总是竭尽全力，争取不在比较中败下阵来，但比较总会带来挫败的一方。问题到底出在哪儿？

有一位不愿透露姓名的来访者，向我讲述了自己从小被“别人家的孩子”所扰的故事。她讲道：小时候，她总怀着一颗好奇心去感知世界，觉得一家人开开心心就好了。但这样的要求似乎太高了，她发现自己身边始终住着一个强有力的对手——“别人家的孩子”，这种压力时时围着她，让她一刻都不能放松。

于她而言，因为她总是在与比她优秀的人做比较，并且因此怀疑自己，所以内心非常自卑。比较对她来说，意味着自卑和不愿面对。

这一点也不难理解，从心理学的角度来讲，早年受到更多赞美、肯定的人，会更自信一些，而积累的挫败感越多，就会越来越自卑！

从小在“别人家的孩子”阴影笼罩下生活的人自然会积累更多的负面情绪。但与此同时，那些所谓“别人家的孩子”又过得怎么样呢？

有心理专家表示，当人们过分强调某种品质，如聪明、懂事、善良……那么与这些品质相对立的部分，如淘气、自私、拖拉……在他们的内心也是存在的，但是不敢表现出来，而所有这些对健康发展都是不利的，这也是很多人为什么在某个学龄段表现优秀，之后就不行了。可见，那些“别人家的孩子”，由于过度压抑自我，不被允许表达的一面慢慢积累，也会破坏内在的稳定性，导致他们也过得不好。由此可见，这些自身好品质与坏品质整合不好的人，往往情绪人格是不稳定的，容易自卑、焦虑，也特别害怕他人的评判等。

所以，如果比较带来的是持续的压抑、焦虑、不快乐，导致你越来越痛苦，看不到比较的益处和价值所在，那么停止比较就是最明智的选择。

海明威曾说，优于别人，并不高贵。真正的高贵是优于过去的自己。假如比较是愚蠢的行为，那么，想要做一个清醒且有自我认知能力的人，就从不与他人比较开始。

与世俗的成就相比，内心的愉悦和安宁更为重要，真正的幸福要的从来不多，满足欲望的捷径就是减少它。

愚蠢的人才会与他人做比较，愿你做个智者，不卑不亢，正确认识自己，知道什么是该坚持、该热爱的！

最后，我想介绍一首在美国非常流行的小诗，中文译作《纽约时间比加州时间早三个小时》，全诗摘录如下：

纽约时间比加州时间早三个小时，
但加州时间并没有变慢。
有人 22 岁就毕业了，
但等了五年才找到一份好工作！
有人 25 岁就当上 CEO，
却在 50 岁去世。
也有人直到 50 岁才当上 CEO，
然后活到 90 岁。
有人依然单身，
同时也有人已婚。
有人 55 岁就退休了，
也有人 70 岁才开始当总统。
世上每个人本来就有自己的发展时区。
身边有些人看似走在你前面，
也有些人看似走在你后面。

但其实每个人在自己的时区里有自己的路程。

不用嫉妒或嘲笑他们。

他们都在自己的时区里，你也是！

生命就是等待正确的行动时机。

所以，放轻松。

你没有落后。

你也没有领先。

在命运为你安排的属于自己的时区里，一切都很准时。

认清理想自我与现实自我之间的差距

什么是理想自我与现实自我？想要表述清楚可能不是那么简单，因为每个人都有属于自己的理想和现实。

但我深深地知道，有一种失败是整天想着如何能

成为别人。我接触过很多这类来访者，他们最大的愿望就是希望成为别人，因为他们总认为别人身上的某个特质是特别吸引自己的，如擅长社交、性格开朗、朋友多……然而，他们又因无法成为他人而饱受煎熬，从而陷入自责、抑郁的深渊！

之所以会这样，是因为自我接纳出了问题，如此一来，他们的愿望与追求，恰恰成为自我的迷失！因为除了做好自己，你无法成为任何人。这样的追求是一场注定失败的奢求，根本不是理想自我。

所谓理想自我，是实现自己的抱负，成为真正想成为的人，它是在接纳现实自我的基础之上发展而来的。尽管这样的追求有一定的落差，但不会像追求成为别人那样不可完成。正如美国人本主义心理学家罗杰斯指出的：每个人思想中都有一个理想的自我，但是发现自己跟理想自我不匹配的大有人在。

从心理学的角度来讲，一个人的理想自我与现实自我，相对来说比较接近，他的情商也就越高。也就是说，我们前面讲过的最近发展区，最大限度地发挥现实自我的潜能，又不过分好高骛远，这样的理想自我是最适合的。

那么，从现实自我到理想自我，我们差的到底是什么呢？

作家林清玄讲过自己小时候的一件事：

家里有 18 个兄弟姊妹，他排行第 12，在他们小时候，家里有一个很大的院子，里面长了很多树，父亲规定大家要扫完院里的落叶才能去上学。

他们自然都不是很情愿，但又不得不做。于是，灵机一动，想了一个办法，扫地之前把树摇一摇，这样叶子就都掉下来了，扫一次，第二天便不用再打扫了。

但第二天，又是满地的落叶。大家聚在一起商议对策，一致得出了一个结论：可能是摇得不够用力。于是兄弟几个力气大的又拼命摇树，其他人扫叶子。

结果发现，第三天叶子照旧落了满地。他们终于明白，摇树非但没用，而且比扫地还累，于是就放弃了。

事实上，我们的理想自我，就像故事中孩子们的期待一样，不合理时往往会落空。但这样的落空有时未尝不是一件好事，它教会我们该如何尊重万事万物的规律，如何让理想照见现实。

从“1”到“2”，可能中间隔着无数的小数，但整数的话，只需要“1”就可以到达。有时候，我们要做的只是找到获取“1”的方式，而获取很多的小数，不光累，而且不一定能到达，反而容易迷失自我。

比如，你有演讲恐惧（现实自我），但你做了很多事情去掩饰它，明明你也期待自己能够像演讲家一样（理想自我），但此时你只能陷入深深的无力中。

听说过方法不对、努力白费的道理吗？你的自我不接纳，会让你的演讲恐惧固着下来，越来越严重。也许你大胆承认它、接受它、抱持它，给它空间，让它抒发出来，反而轻松许多，更容易实现你的期待。

理想自我“2”，就是为现实自我“1”，找到另外一个“1”的过程，这取决于是否有正确的引导、是否认清了二者之间的差异。

放弃变得更好的想法，你可能会走得更远

有人说："变好是世界上最累的事情，可我要变好是为了以后去爱什么人的时候，可以在被爱的时候确定自己值得，可以不会因为不被爱而觉得自己很糟糕。"

但有时候变得更好，意味着活得更累，自己想要的确定感到底会不会来，还是个未知数，也许它只是一个美好的假定！

因为负重前行，注定会走得很累，也很难走得更远，最终很可能无法到达想去的地方。

我想起一位患有强迫症的来访者赵女士，一次，有朋友约她，两家人相约一起去度假，赵女士准备了五个超大号的行李箱，里面有孩

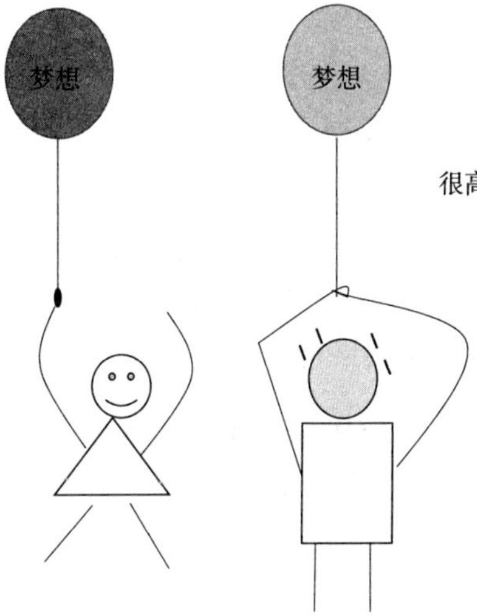

梦想就像气球，可以带你飞得很高，但同时也会让你飞得很累。

子的玩具、书、衣服、蚊虫喷雾、各种药，甚至还有宿营的帐篷、救生衣，外人看见还以为她这是要搬家。

她设想了很多危险，一直提醒老公不要让孩子去高处、去水边，每天担心这、担心那，没有一刻能轻松，把度假搞得比工作还累。

很多时候，我们也像极了赵女士，给自己的人生过分施压，然而，压力有时带来的可能不是动力，反而把自己搞得身心俱疲，进而产生放弃的念头。

这种过度的担忧是怎么来的呢？往往源于内在的不安全感，觉得我不值得享受和拥有当下的生活，所以必须更加拼命，让自己变得更好。然而，设想一下，如果我们要马不停蹄地追寻一个又一个目标，如果我们要在不断的焦虑中走完人生全程，这是一件多么可怕的事啊！

对于高敏感人群更是如此。一个人的精力是有限的，凡事追求完美，反而会错失许多真正与幸福有关的事。有些时候，有些东西，适当舍弃，反而能轻装上阵，体验人生真正的美好。

有时候优秀与幸福并不是对等的，我们如何对待生活的态度才是决定性的。放弃变得更好的想法，并不是让你随波逐流、放弃追求。相反，是为了帮你找到人生最值得投入精力的事情，因为像一些无所谓的包袱，丢掉了，反而会走得更快。

对于高敏感人群来说，可以尝试以下方法：

放弃和自己较劲儿。人生中会遇到很多人、很多事，尽心尽力去做，但不强求。实现不了的愿望，那就接受它，因为这就是最好的归宿。不与自己较劲儿，才能悦享生活。

放弃控制欲。控制的一头是控制本身，另一头则一定会走向失控，因为被控制的人在想办法抗争，所以停止控制，换一种方式来表达自己的想法，既省心，又不累。

放弃责备他人的念头。每个人应该担起自我成长的责任，责备他人并不能帮你获得自己想要的。

放弃“自我否定”。自我否定往往是给自己面前的困难制造新的阻碍，得不偿失。

拥有弹性的人生。既不要好高骛远，也不要自我设限。学会给自己匹配一个弹性目标，不紧不松，适度焦虑，才能得到最好的结果。

为自己而活。放弃用成绩或自我牺牲取悦别人，你的好与坏只能被自己定义。你的成绩是自我努力的结果，好与不好，都与别人无关，但与你自身息息相关。你需要为自己而活，不要为他人而活。

放弃抗拒变化。人生唯一不会改变的就是变化，拒绝改变就等于放弃进步。所有的变化都是为了帮你成长，别抗拒，用感恩的心去拥抱它。

对高敏感人群来说，有时候放弃飞得更高的想法，可能会让自己活得更舒服一些。生活中你可以大胆地去争取自己想要的，但不要失去对自己生活的掌控力，更不要顾此失彼，忘记快乐之本。

每个人都有自己的价值，即便是无名之辈

接纳自我是我们人生中重要的一课，就像迪士尼动

画《狮子王》中，老猴子对狮子王辛巴说：每个人都有自己的价值，即便是无名之辈，也请记住你是谁。

命运既然选择我们成为自身，不管怎样或发生了什么，都应愉快地接受，做自己想做的事，无论成败，经历是无法磨灭的。经历过的事情便永远属于自己，这何尝不是某种意义上的幸运。

你是独一无二的存在，所以请认可自己的不完美、接受自己的敏感、容纳自己的脆弱。

TED 演讲家、休斯敦大学心理学教授布琳·布朗说：对于每一位陪伴孩子成长的父母来说，帮助孩子接纳自己的不完美，且让孩子明白即使不完美也值得被爱，是件超级重要的事情。

正如一位年轻的来访者所说的那样：“有时候，一点点满足就能让他们欣喜若狂，觉得生活无限美好；也有时候，一点点小事就会让他们深陷痛苦之中。”

在我看来，这恰恰说明高敏感者做事心思缜密，更擅于发现事物细微之处的不同。

高敏感者应该更好地了解自己，从而更深刻地理解自己。虽然有时觉得自己不够好、不够自信，但也可能是自我要求过高或者过于敏感的特质造成的。所以，这并不代表其他方面也因此受到限制，只要做好自己该做的，遵循内心的真实感受，和周围相处得更舒服就好。

一言以蔽之，无论怎样，做自己就好。这就像很多高敏感者选择独自生活，往往也选择了他们生命所需要的宁静与平和。

有天赋的高敏感者，不会自卑，高敏感特质对他们来说，是指引与保护。当遇到事情的时候，他们会更多地反思，不断地寻找生命的意义和动力。

等到生命中某个特定的时刻，你就会发现原来自己比任何时候都更清楚自己想要的是什么，你的高敏感特质会指引你找到属于自己的别样人生，也会保护你，避免走弯路，安全到达自己想去的地方。

有一位独居老人，在年轻时就立下誓言：要

娶一位完美的女人为妻。他开始四处寻找，但找了60年，仍然一无所获！

有年轻人请教他："难道这60年里，您从来没有遇到过想娶回家的女人吗？"他笑着说："我30岁时曾找到过一个，但对方也在寻找完美的男人，所以我就放弃了。"

然后老人若有所思地讲："追求完美看来是不现实的，其实尽心尽力本身就是完美。可年轻时不知道这一点，知道这一点后我已不再年轻！"

讲完，老人便起身离开了。

是的，有心即完美。也许你并不完美，但你值得被爱。你努力奋斗，同时也值得享有归属感。

拥有天赋的高敏感者如果懂得开放内心，就会拥有越来越多的肯定、享受和创造性！

你是独一无二的你，单凭这一点，你就值得被珍惜。

图书在版编目（CIP）数据

高敏感人群情绪管理 / 齐志斌著. —北京：中国工人出版社，2021.6
ISBN 978-7-5008-7665-6

Ⅰ. ①高… Ⅱ. ①齐… Ⅲ. ①情绪 - 自我控制 - 通俗读物 Ⅳ. ①B842.6-49

中国版本图书馆CIP数据核字（2021）第103424号

高敏感人群情绪管理

出 版 人 王娇萍
责任编辑 周小彦
责任印制 黄　丽
出版发行 中国工人出版社
地　　址 北京市东城区鼓楼外大街45号　邮编：100120
网　　址 http://www.wp-china.com
电　　话 （010）62005043（总编室）（010）62005039（印制管理中心）
（010）62379038（社科文艺分社）
发行热线 （010）62005996　82029051
经　　销 各地书店
印　　刷 北京市密东印刷有限公司
开　　本 880毫米×1230毫米　1/32
印　　张 9.875
字　　数 150千字
版　　次 2021年7月第1版　2023年11月第2次印刷
定　　价 39.00元
